Duden   So schreibt man jetzt!

Duden

So schreibt man jetzt!

**Das Übungsbuch zur neuen
deutschen Rechtschreibung**
von Ulrich Püschel

4., aktualisierte und überarbeitete Auflage
von Christian Stang

Dudenverlag
Mannheim · Leipzig · Wien · Zürich

Die **Duden-Sprachberatung** beantwortet Ihre Fragen zu Rechtschreibung,
Zeichensetzung, Grammatik u. Ä. montags bis freitags zwischen 8:00 und 18:00 Uhr.

Aus Deutschland: **09001 870098** (1,86 EUR pro Minute aus dem Festnetz)
Aus Österreich: **0900 844144** (1,80 EUR pro Minute aus dem Festnetz)
Aus der Schweiz: **0900 383360** (3,13 CHF pro Minute aus dem Festnetz)

Unter www.duden-suche.de können Sie mit einem Online-Abo auch per Internet
in ausgewählten Dudenwerken nachschlagen. Den kostenlosen Newsletter der
Duden-Sprachberatung können Sie unter www.duden.de/newsletter abonnieren.

Redaktion Dr. Werner Scholze-Stubenrecht

Herstellung Monika Schoch

Umschlaggestaltung Sven Rauska

Bibliografische Information der Deutschen Bibliothek

Die Deutsche Bibliothek verzeichnet diese Publikation in der

Deutschen Nationalbibliografie; detaillierte bibliografische

Daten sind im Internet über http://dnb.ddb.de abrufbar.

Das Wort Duden ist für den Verlag

Bibliographisches Institut & F. A. Brockhaus AG

als Marke geschützt.

Satz Andrea Reuter, Heidelberg

Druck und Bindung Firmengruppe Appl, Wemding

Printed in Germany

ISBN-10: 3-411-06194-4

ISBN-13: 978-3-411-06194-5

www.duden.de

→ Vorwort

Seit dem 1. August 2006 gelten in Deutschland, Österreich und der Schweiz neue, für Schulen und Behörden verbindliche Rechtschreibregeln.

Das vorliegende Übungsbuch leistet praktische Hilfestellung für alle, die sich diese Neuregelung rasch und gründlich aneignen wollen oder müssen. Es erklärt die zentralen neuen Regeln in allgemein verständlicher Form, weist auf „Stolpersteine" hin und regt zu einem sinnvollen Umgang mit der Neuregelung an. Alle Bereiche, die von ihr betroffen sind, werden behandelt: die Laut-Buchstaben-Zuordnung, die Getrennt- und Zusammenschreibung, die Schreibung mit Bindestrich, die Groß- und Kleinschreibung sowie die Zeichensetzung und die Worttrennung am Zeilenende. Besonders wichtig sind die zahlreichen Übungen zum Selbsttraining und die übungsübergreifenden Tests zur Selbstkontrolle. So kann jeder leicht feststellen, ob er die neuen Regeln schon verinnerlicht hat oder mit welchen er sich noch intensiver beschäftigen muss. Dieses Lern- und Übungsbuch richtet sich vor allem an ältere Schülerinnen und Schüler und an Erwachsene, die aus beruflichen Gründen Sicherheit im Umgang mit der neuen Rechtschreibung gewinnen wollen.

Mannheim, im August 2006

Die Dudenredaktion

→ Inhaltsverzeichnis

→ Zur Einführung

Warum brauchen wir eine neue deutsche Rechtschreibung?
Im Jahr 1901 wurde auf der 2. Orthografischen Konferenz in
Berlin die bis 1998 gültige amtliche Rechtschreibung beschlossen. Die Hauptaufgabe dieser Konferenz hatte darin bestanden,
eine einheitliche Regelung für das gesamte deutsche Sprachge-
biet zu schaffen. Tatsächlich gilt sie seit 1902 in Deutschland,
Österreich und der Schweiz. Diese Zielsetzung hatte dazu geführt, dass eine Vielzahl von Kompromissen geschlossen werden
musste, die das Schreiben nicht gerade erleichterten. Außerdem enthält das erste Regelwerk Lücken, was nach und nach
viele Einzelfestlegungen erforderlich machte, die die Orthografie zusätzlich erschwerten.
Im Lauf der Zeit wurde der Ruf nach einer Vereinfachung unserer
Rechtschreibung immer lauter. Doch da deren Neuregelung
sachlich wie politisch ein schwieriges Unterfangen ist, hat sich
die Arbeit an der neuen deutschen Rechtschreibung über
Jahre hingezogen, bis auf der Wiener Konferenz vom November
1994 ein Vorschlag vorgelegt werden konnte, der die Grund-
lage der zwischenstaatlichen Absichtserklärung bildet, die
Deutschland, Österreich und die Schweiz sowie einige andere
Länder mit deutschsprachiger Bevölkerung am 1. Juli 1996
unterzeichnet haben. Stichtag für die Einführung der neuen,
für Schulen und Verwaltungsbehörden verbindlichen Regeln
und Schreibungen war der 1. August 1998. Seit dem 1. August
2006 ist die reformierte Orthografie in allen ihren Teilbereichen
für Schulen und Behörden verbindlich.

Was ist das Ziel der Neuregelung?
Entgegen mancher Tatarenmeldung bleibt die bestehende Rechtschreibung in ihren Grundzügen unangetastet. Die Schreibung
einer Sprache, auch wenn sie amtlich geregelt ist, ist historisch

gewachsen, was radikale Eingriffe ins gewohnte Schriftbild ver-
bietet. Wir schreiben also in den allermeisten Fällen wie bisher.
Die Neuregelung orientiert sich an drei Prinzipien: Zunächst
will die Systematisierung der Rechtschreibung störende Ausnahmen, aber auch Ungereimtheiten und Widersprüche besei-
tigen, auf die wir früher besonders aufpassen mussten. In einem
engen Zusammenhang damit steht dann die Reduzierung kom-
plizierter Regelgeflechte auf möglichst wenige Hauptregeln.
Schließlich wurden einige Schreibgewohnheiten legalisiert, die
sich im Lauf der Zeit gegen die geltenden Regeln durchgesetzt
haben.

Was wurde neu geregelt?
Die Neuregelung berührt alle Bereiche der Rechtschreibung.

- Sehr behutsame Veränderungen gibt es bei den Laut-Buchstaben-Zuordnungen. Am stärksten wirkt sich sicher die Festlegung aus, dass nach kurzem Selbstlaut statt *ß* immer *ss* zu
schreiben ist. Kaum auswirken wird sich dagegen, dass jetzt
behände anstatt *behende* geschrieben werden muss. Wie oft gebrauchen wir schon dieses Wort?
- Die Getrennt- und Zusammenschreibung war immer ein schwieriges Kapitel. Ist ein bestimmtes Hauptwort, ein Zeitwort, ein
Eigenschaftswort oder Mittelwort mit dem folgenden Zeitwort
zusammenzuschreiben oder nicht? Hier bemüht sich die Neuregelung um mehr Klarheit und um den Abbau von Zweifelsfällen. Häufig werden zwei Schreibweisen zugelassen, aus denen
die Schreibenden auswählen können.
- Die Schreibung mit Bindestrich ist vereinheitlicht worden. Daneben wird der Bindestrich auch als ein Mittel aufgewertet, mit
dem vor allem in unübersichtlichen Zusammenschreibungen
der Wortaufbau durchsichtiger gemacht werden kann. In vielen
Fällen entscheiden wir jetzt selbst, ob wir unseren Lesern mittels Bindestrich Lesehilfe geben wollen oder nicht.

- Die zahlreichen Ungereimtheiten und Widersprüche in der Groß- und Kleinschreibung werden vor allem dadurch reduziert, dass die Substantivgroßschreibung konsequenter als früher angewendet wird.

- Größere Freiheiten gibt es jetzt bei der Zeichensetzung. Manche verzwickte Kommaregel, die schon in der Vergangenheit nur wenig beachtet wurde, braucht jetzt ganz offiziell nicht mehr befolgt zu werden. Aber auch hier wurde nur behutsam eingegriffen: Wer will, kann in fast allen Fällen auch nach der Neuregelung die Kommas so setzen wie bisher.

- Stark vereinfacht ist schließlich die Worttrennung am Zeilenende. Die Trennung von *st* zwischen *s* und *t* ist zwar spektakulär, wichtiger ist aber die nun konsequente Trennmöglichkeit aller Wörter nach Sprechsilben. Doch auch hier wird das Alte nicht einfach verstoßen, sondern bleibt in den meisten Fällen als zulässige Trennvariante erlaubt.

Was bietet Ihnen dieses Übungsbuch?

Dieses Übungsbuch stellt Ihnen die zentralen neuen Vorschriften vor. Dabei beschränkt es sich weitgehend auf die Regeln, also die Festlegungen für das korrekte Schreiben, die über den Einzelfall hinausgehen. Einzelfestlegungen hingegen, die immer nur für den speziellen Fall gelten, werden nur eingeschränkt behandelt. Sie betreffen in der Hauptsache die Laut-Buchstaben-Zuordnungen und können in der Praxis im Duden nachgeschlagen werden.

Wie können Sie mit dem Übungsbuch arbeiten?

Das Übungsbuch ist als Lehrgang angelegt; deshalb bietet es sich an, die sechs Kapitel systematisch durchzuarbeiten. Da manche Neuregelung in Ihrem Schreiballtag jedoch eine eher geringe Rolle spielen wird, können Sie sich auch zunächst auf die häufig vorkommenden Fälle beschränken und das für Sie weniger

Wichtige im Bedarfsfall nachholen. Das Wort- und Sachregister am Ende des Bandes erleichtert es Ihnen, Lerneinheiten unabhängig von der vorgegebenen Reihenfolge zu bearbeiten.

Jede der 40 Lerneinheiten ist gleich aufgebaut:

Sie finden zuerst die Regelformulierung, die Sie am erkennen können.

Daran schließen sich Erläuterungen und Beispiele an, wenn nötig gefolgt von Ausnahmen [!]

und [>] Querverweisen auf andere Abschnitte.

Das ✎ markiert weitere wissenswerte Informationen.

Die Übungen, die die meisten Einheiten abschließen, erlauben Ihnen, das theoretisch Erarbeitete sofort praktisch anzuwenden.

Sie sind mit  kenntlich gemacht. Die Nummer erleichtert Ihnen das Auffinden der entsprechenden Auflösung am jeweiligen Kapitelende.

Ein zusammenfassender Abschlusstest [A] Test nach jedem Kapitel und der komprimierte Gesamttest am Ende des Lehrgangs geben Ihnen eine verlässliche Rückmeldung über die erreichten Lernfortschritte und noch verbliebene Kenntnislücken.
Der folgende kurz gefasste Regelabriss am Schluss des Buches bietet sich zur schnellen Wiederholung und Auffrischung Ihrer neu erworbenen Kenntnisse an.

Im Verzeichnis wichtiger Fachausdrücke, das den Lerneinheiten vorangestellt ist, finden Sie bei Bedarf Erläuterungen und Beispiele zu den verwendeten Begriffen.

Wo finden Sie weitere Informationen und Umstellungshilfen?

- Alle neuen Regeln und Schreibungen enthält die 24. Auflage von *Duden – Die deutsche Rechtschreibung.*
- Zum schnellen Nachschlagen und Wiederholen der wesentlichen Regeln und zum Auffrischen der Grundkenntnisse empfiehlt sich die Broschüre *Duden. Deutsche Rechtschreibung – kurz gefasst.*
- Die *Duden-Sprachberatung* beantwortet Ihre konkreten Fragen (nicht nur) zur neuen Rechtschreibung gerne persönlich, und zwar montags bis freitags von 8 bis 18 Uhr unter folgenden Rufnummern:

Aus Deutschland: 09001 870098
(1,86 EUR pro Minute aus dem Festnetz)
Aus Österreich: 0900 844144
(1,80 EUR pro Minute aus dem Festnetz)
Aus der Schweiz: 0900 383360
(3,13 CHF pro Minute aus dem Festnetz)

→ Verzeichnis wichtiger Fachausdrücke

Ableitung: Art der Wortbildung mithilfe von Präfixen/Vorsilben
(z.B. *arbeiten* → *bearbeiten*) und Suffixen/Nachsilben
(z.B. *rechnen* → *Rechnung*)

Adjektiv, auch Eigenschaftswort: deklinierbares/beugbares
und komparierbares/steigerbares Wort, das eine Eigenschaft oder
ein Merkmal bezeichnet (z.B. *schön*)

Adjektiv, substantiviertes: Adjektiv, das als Substantiv/Hauptwort
gebraucht wird (z.B. *das Schöne*)

Adverb, auch Umstandswort: nicht flektierbares/beugbares Wort,
das einen Umstand angibt (z.B. *dahin, freitags*)

Artikel: deklinierbares/beugbares Wort, das ein Substantiv/
Hauptwort begleitet (z.B. *der Hund, eine Katze*)

Attribut, auch Beifügung: nicht notwendige Anreicherung eines
Satzgliedes (z.B. *das große Haus, Whisky pur*)

Begleitsatz: Satz, mit dem wörtlich Wiedergegebenes eingeordnet,
angekündigt oder abgeschlossen wird (z.B. *Sie sagte: „Wir sprechen
morgen weiter."*)

Beugungsform: deklinierte/gebeugte Form eines Substantivs
(z.B. *zu Hause*), Artikels (z.B. *dem Manne*), Pronomens
(z.B. *ihrer Schwester*) oder Adjektivs (z.B. *die große Glocke*);
konjugierte/gebeugte Form eines Verbs (z.B. *sie ging, er isst*)

Diphthong, auch Doppellaut: Gleitlaut aus zwei Vokalen (z.B. *au, eu*)

Doppelkonsonanz: Folge von zwei Konsonanten/Mitlauten
(z.B. *dennoch, Mittag*)

Indefinitpronomen, auch unbestimmtes Fürwort: Untergruppe
der Pronomen/Fürwörter (z.B. *einige, jemand*)

Infinitiv: Nenn-, Grundform des Verbs/Zeitworts (z.B. *lesen,
arbeiten*)

Initialwort, auch Akronym oder Buchstabenwort: Wort, das aus
den Anfangsbuchstaben oder -silben mehrerer Wörter gebildet ist
(z.B. *NATO, TÜV*)

Interjektion, auch Empfinde-, Ausrufewort: nicht flektier-
bares/beugbares Wort, das u. a. dem Ausdruck einer Empfindung,
Gemütsbewegung dient (z. B. *au, bäh*)

Kardinalzahl, auch Grundzahl (z. B. *null, zwei, vierzig, hundert*)

Kommentarsatz ↑ Begleitsatz

Konjunktion, auch Bindewort: nicht flektierbares/beugbares Wort,
das der Verknüpfung von Wörtern dient (z. B. *und, oder*)

Konsonant, auch Mitlaut (z. B. *m, p, s*)

Negation: Verneinung einer Aussage (z. B. *Er kommt nicht.*)

Ordnungszahl, substantivierte: Ordinalzahl/Ordnungszahl, die als
Substantiv/Hauptwort gebraucht wird (z. B. *der Erste, die Zweite*)

Paarformel, auch Zwillingsformel: unveränderliches Wortpaar, das
durch eine Konjunktion/ein Bindewort oder eine Präposition/
ein Verhältniswort verknüpft ist (z. B. *Alt und Jung*)

Partikel, abtrennbare: Teil eines Verbs/Zeitworts, der abtrennbar
ist (z. B. *untergehen – Das Schiff ging unter.*)

Partizip, auch Mittelwort: Partizip Präsens = Partizip I oder Mittelwort der Gegenwart (z. B. *spielend*), Partizip Perfekt = Partizip II
oder Mittelwort der Vergangenheit (z. B. *gespielt, gegangen*)

Perfektform ↑ Partizip

Plural, auch Mehrzahl (z. B. *Kinder, Bälle*)

Possessivpronomen, auch besitzanzeigendes Fürwort:
Untergruppe der Pronomen/Fürwörter (z. B. *mein, Ihr, euer*)

Prädikat, auch Satzaussage: Satzteil, der eine Aussage über das
↑ Subjekt enthält (z. B. *Der Bauer pflügt seinen Acker.*)

Präfix, auch Vorsilbe ↑ Ableitung

Präposition, auch Verhältniswort: nicht flektierbares/beugbares
Wort, das die Beziehung, das Verhältnis zwischen Wörtern
kennzeichnet (z. B. *Sie sitzt auf dem Stuhl.*)

Pronomen, auch Fürwort: deklinierbares/beugbares Wort,
Begleiter oder Stellvertreter des Substantivs (z. B. *mein Haus,
irgendjemand, dieses Kind*)

Reflexivpronomen, auch rückbezügliches Fürwort: Untergruppe der Pronomen/Fürwörter (z. B. *Er kämmt sich.*)

Relativpronomen, auch bezügliches Fürwort: Untergruppe der Pronomen/Fürwörter (z. B. *Der Schüler, der/welcher nachsitzen muss.*)

Relativsatz: Nebensatz, der durch ein ↑Relativpronomen eingeleitet wird (z. B. *Das Geschenk, das/welches er mitgebracht hatte, war nicht für sie bestimmt.*)

Subjekt, auch Satzgegenstand: nennt das Wesen oder Ding, über das etwas ausgesagt wird (z. B. *Der Bauer pflügt seinen Acker.*)

Substantiv, auch Nomen oder Hauptwort: deklinierbares/beugbares Wort, das u. a. mit einem Artikel verbunden werden kann (z. B. *die Übung, ein Test*)

Substantivierung: Bildung eines Substantivs/Nomens/Hauptwortes aus einem Wort, das einer anderen Wortart angehört (z. B. *das Lesen, sein Ein und Alles*)

Suffix, auch Nachsilbe ↑ Ableitung

Umlaut: Bezeichnung für die Vokale/Selbstlaute *ä, ö, ü*

Verb, auch Zeitwort: konjugierbares/beugbares Wort, mit dem das Prädikat/die Satzaussage gebildet wird (z. B. *schreiben, sie schreibt*)

Vokal, auch Selbstlaut (*a, e, i, o, u*)

Wortstamm: der um Wortbildungssilben und Flexions-/Beugungselemente verkürzte Teil eines Wortes (z. B. *er-stell-en, Dunkel-heit*), beim Verb der um die Infinitivendung verkürzte Wortteil (z. B. *denk-en*)

Zahladjektiv: Adjektiv/Eigenschaftswort, das eine Zahl bezeichnet (z. B. *zwei, vierzig*)

Zahlwort, unbestimmtes = unbestimmtes Zahladjektiv: Adjektiv/Eigenschaftswort, mit dem eine unbestimmte Menge oder ein unbestimmtes Maß angegeben wird (z. B. *viel, wenig*)

Zitatwort: eine aus einer anderen Sprache ins Deutsche übernommene Benennung, bei der der bezeichnete Gegenstand oder Sachverhalt im deutschsprachigen Gebiet nicht existiert (z. B. *Lord Mayor*)

→ A. Laut-Buchstaben-Zuordnung

Bei der Zuordnung von Lauten und Buchstaben können Sie in
den meisten Fällen so schreiben wie früher. In der Hauptsache
bewirken die Neuregelungen Folgendes:

1. Abweichungen vom Stammprinzip werden nach Möglichkeit
   beseitigt. Dabei geht es um Wörter, die nach unserem Ver-
   ständnis zwar zur gleichen Wortfamilie gehören, aber bislang
   dennoch unterschiedlich geschrieben wurden; so zum Beispiel
   Nummer, aber *numerieren* oder *Hände,* aber *behende.* Die abwei-
   chenden Schreibungen sind nun an den regulären Wortstamm
   angepasst, sodass Sie sich diese nicht mehr besonders einprägen müssen.

2. Die Schreibung von Fremdwörtern wird in einigen Fällen den
   deutschen Schreibgepflogenheiten angeglichen. Dies betrifft
   vor allen Dingen solche Fremdwörter, bei denen Sie schon
   längst eingedeutschten Formen begegnen oder sie in Ihrer all-
   täglichen Schreibpraxis sogar selbst verwenden. Dann können
   Sie so weiterschreiben wie bisher. Mit den Neuregelungen
   soll die eindeutschende Schreibung behutsam unterstützt werden. Dies zeigt sich deutlich daran, dass zumeist alte und neue
   Schreibung als Varianten nebeneinander fortbestehen. Sie können also jetzt *Biografie* oder *Diktafon* schreiben, können aber
   auch bei *Biographie* und *Diktaphon* bleiben.

1. Verdoppelung von Konsonantbuchstaben

In einer Reihe von Einzelwörtern wird der Konsonantbuchstabe nach kurzem Vokal verdoppelt.

§

Diese Verdoppelung bringt für Sie eine Erleichterung, denn nun sind die Schreibungen mit nur einem Konsonantbuchstaben an die Schreibungen mit zwei Konsonanten angeglichen. Sie brauchen sich also die Ausnahmen mit nur einem Konsonantbuchstaben nicht mehr besonders zu merken.

Die Neuerung betrifft zum einen Fälle, in denen die Flexionsformen schon immer Doppelkonsonanz hatten: *Ass, Karoass* wegen *des Asses, die Asse.*

Zum andern ist sie begründet durch die Existenz von Wörtern, die zur selben Wortfamilie gehören und ebenfalls schon immer Doppelkonsonanz aufweisen:

Karamell und *karamellisieren* wegen *Karamelle; Mopp* wegen *moppen; Stopp* wegen *stoppen; (durch)nummerieren* und *Nummerierung* wegen *Nummer; Quickstepp* und *Steppdecke* wegen *steppen; Börsentipp* und *Tipp* wegen *tippen.*

In einigen Fällen wird dabei auch eine Wortverwandtschaft zugrunde gelegt, die sprachgeschichtlich nicht besteht:

Messner entsprechend *Messe; Tollpatsch* und *tollpatschig* in Anlehnung an *toll.*

Auch die folgenden Angleichungen in der Schreibung entlasten die Liste der Ausnahmen, die Sie sich bisher einprägen mussten:

platzieren, ein unplatzierter Schuss wegen *Platz; Stuckatur, Stuckateur* wegen *Stuck.*

 Eine Verdoppelung des *t* findet sich noch in *Plattitüde*, zu dem es auch die Form *Platitude* gibt.

Ergänzen Sie die fehlenden Konsonantbuchstaben!

Aufgabe

Wer zu den Börsena__en gehören will, der darf nicht wie ein
To__patsch herumlaufen und beispielsweise Zeit auf die
Nu__erierung der besten Ti__s verschwenden. Wer so seine
Aufträge zu pla__ieren versucht, der sollte lieber unter der
Ste__decke bleiben und das Börsenparkett meiden.

2. Die Schreibung von Umlauten

In einigen Wörtern wird e durch ä ersetzt. §

Die Schreibung dieser Wörter richtet sich entweder nach dem
Stammprinzip oder lehnt sich an andere Wörter an, die zur
gleichen Wortfamilie gehören oder heute oft als verwandt angesehen werden:
behände und *Behändigkeit* wegen *Hand; Bändel* wegen *Band; belämmert* wegen *Lamm; einbläuen* und *verbläuen* wegen *blau; Gämse* we-
gen *Gams; Gräuel* und *gräulich* wegen *grausen* und *grausam; Quäntchen* wegen *Quantum; schnäuzen* wegen *Schnäuzchen* und *Schnauze;
Glimmstängel, langstängelig, Poussierstängel* und *Stängel* wegen *Stan-
ge; überschwänglich* wegen *Überschwang; Schneewechte, Wechte* wegen *Schneewehe.*

[!] Bisher durften Sie nur **Schenke** schreiben, jetzt ist auch **Schänke**
möglich (wegen **ausschenken** und **Ausschank**). Zu **aufwendig** tritt
die Schreibvariante **aufwändig** (wegen des Nebeneinanders von
aufwenden und **Aufwand**).

Doch Achtung! Unverändert bleiben *Eltern* (trotz *alt*) und
schwenken (trotz *schwanken*).

Ergänzen Sie die fehlenden Vokalbuchstaben!

[2]
Aufgabe

In einem aufw__ndigen Verfahren wurde der neue Extrakt analysiert. Dabei ging zwar kein Qu__ntchen des Stoffs verloren, doch die überschw__nglichen Erwartungen erfüllten sich keineswegs. Ganz im Gegenteil, die beiden Erfinder blickten ziemlich bel__mmert drein.

Die besorgten __ltern wollten ihre Kinder vor den Gefahren der Berge bewahren. Da sie sie nicht am B__ndel führen konnten, versuchten sie ihren Sprösslingen wenigstens einzubl__uen, dass sie die Felskanten meiden sollten. Schließlich seien sie keine beh__nden G__msen. Obwohl es Vater und Mutter ein Gr__uel war, beschlossen sie, in der Sch__nke auf die Rückkehr der Kinder zu warten.

3. Nach kurzem Vokal steht Doppel-s

> *Nach kurzem (betontem) Vokal wird ß durch ss ersetzt.*
> *Ein Wechsel zwischen ss und ß findet nicht mehr statt.*
>
> §

Bisher galt, dass nach kurzem Vokal im Auslaut und vor Konsonant ß geschrieben wurde. Sie mussten also darauf achten, ob jeweils ss oder ß zu schreiben war: *müssen – ich muß, wir müssen – wir mußten.* Demgegenüber stellt die Neuregelung eine Vereinfachung dar, weil jetzt die Wortstämme stets gleich geschrieben werden: *müssen – ich muss, wir müssen – wir mussten.* Außerdem können Sie in mehr Fällen als bisher die Schreibung aus der Lautung ableiten gemäß der Regel „Nach langem Vokal und Diphthong (Doppellaut) ß, nach kurzem Vokal ss": *das Floß – der Fluss, der Ruß – der Schuss, das Maß – das Fass, dem Maße – die Masse, reißen – der Riss.*

Aus der Unzahl von möglichen Beispielen für die neue **ss**-Schreibung nach kurzem Vokal hier nur eine kleine Auswahl zum Eingewöhnen:

Abszess, Baroness, Begrüßungskuss, bisschen, Boss, erfasst, Essecke, Fairness, Gässchen, Gewissensbiss, Imbiss, Kisschen, missachten, missfallen, Missgunst, missmutig, Stress, Tross, Weißrussland.

 Achten müssen Sie aber weiterhin auf einige Verben, bei denen sich bei der Beugung die Vokallänge ändert oder von denen Substantive abgeleitet worden sind: **fließen – er floss – der Fluss – das Floß; genießen – er genoss – der Genuss; wissen – sie weiß – sie wusste.**

Weitere Beispiele:
Abriss, aber **abreißen; er beschloss, der Beschluss,** aber **beschließen; Biss,** aber **beißen; Geschoss, Schuss,** aber **schießen; er goss, der Guss,** aber **gießen; gerissen,** aber **reißen; ich habe gesessen,** aber **ich saß; Schloss, Schluss,** aber **schließen; schmissig,** aber **schmeißen.**

Auch die Konjunktion *daß* wird neu regelgerecht mit Doppel-*s* geschrieben: *dass*. Damit bleibt die unterschiedliche Schreibung der Konjunktion *dass* und des Artikels bzw. Pronomens *das* weiterhin erhalten.

Falls Sie ein Wort mit *ß* in Großbuchstaben schreiben, dann ersetzen Sie *ß* durch *SS: STRASSE, GROSSBUCHSTABE*.

Wenn Sie auf Texte stoßen, in denen nur *ss* und kein *ß* erscheint, dann stammen diese vermutlich aus der Schweiz. Denn wie in der Vergangenheit gilt auch weiterhin: In der Schweiz wird *ß* im Allgemeinen nicht verwendet.

Diesem Regelungsbereich liegt im Übrigen die deutsche Standardsprache zugrunde. Es bleibt also beim *ß* in Wörtern, wenn der vorangehende Vokal standardsprachlich lang ausgesprochen wird.

Einige aussprachebedingte Sonderfälle sind allerdings zu beachten: Wer *Löss, Lössboden, Lössschicht/Löss-Schicht* mit kurzem ö spricht, der schreibt auch *ss,* wer ein langes ö spricht, der schreibt *ß: Löß, Lößboden, Lößschicht.*

In Österreich gilt – ebenfalls wegen der Aussprache – weiterhin *Erdgeschoß* statt *Erdgeschoss, Kellergeschoß* statt *Kellergeschoss, Obergeschoß* statt *Obergeschoss, Zwischengeschoß* statt *Zwischengeschoss.* Ebenso: *Wurfgeschoß* statt *Wurfgeschoss.* Weiterhin kann in Österreich statt *Spaß* auch *Spass* geschrieben werden.

Noch eine gute Nachricht: Sie können *so dass* jetzt auch zusammenschreiben! Die Formen *sodass* und *so dass* sind beide korrekt.

Die Schreibung von Doppel-*s* nach kurzem Vokal kann dazu führen, dass bei Wortzusammensetzungen drei s zusammentreffen. Wie damit umzugehen ist, erfahren Sie in Abschnitt 4.

ss oder *ß*? Füllen Sie die Lücken aus!

Aufgabe

„Wei__t du, wie viel Sternlein stehen?", hei__t es im Lied. Natürlich wi__en wir das nicht. Ob wir es wirklich gern wü__ten? Auf jeden Fall ist es eine ganze Ma__e, und ihre Zahl scheint zuzunehmen in dem Ma__e, in dem Satelliten ins All vorsto__en. Fragen wir also nicht nach einer verlä__lichen Zahl, sondern geben wir uns dem Genu__ ihres Anblicks hin, solange hä__liche Wolken sie unseren Augen nicht entziehen. Ein bi__chen

Sentimentalität mag dabei nicht schaden. Wer jedoch so anfällig
ist, da__ ihm beim Anblick der Sterne die Augen wä__rig werden, der schlie__e sie lieber und halte sie fest geschlo__en, bis
die Sterne verbla__t sind. Dann genie__e er den Sonnenaufgang;
auch das kann ein unverge__liches Erlebnis sein.

4.   Zusammentreffen dreier gleicher Buchstaben

Wenn in Zusammensetzungen drei gleiche Konsonant- oder   **§**
Vokalbuchstaben aufeinandertreffen, so werden sie alle geschrieben.
Auf diese Weise bleibt die Schreibung der Wortstämme erhalten.

Früher galt aus Gründen der Schriftästhetik die Regel, dass drei
Konsonantbuchstaben nur dann geschrieben werden, wenn
ein weiterer Konsonant folgt (zum Beispiel *Balletttruppe*, aber
Ballettänzerin; *Schifffracht*, aber *Schiffahrt*). Diese Differenzierung
wird aufgegeben, sodass Sie jetzt problemlos drei Konsonant-
buchstaben schreiben, gleichgültig was folgt:
*Balletttänzerin, Balllokal, Bestellliste, Betttuch, Bitttag, Brennnessel,
Dampfschifffahrt, Falllinie, Fußballländerspiel, Geschirrreiniger,
Gewinnnummer, grifffest, Großschifffahrtsweg, helllicht, helllila,
Kammmacher, Kämmmaschine, Kammmuschel, Kennnummer,
Klemmmappe, Kontrolllampe, Kontrollliste, Krepppapier, Kristalllüster,
Kunststofffolie, Metalllegierung, Mullläppchen, Nulllage, Nullleiter,
Nulllösung, Programmmusik, Rammmaschine, Rollladen, Schalllehre,
Schallloch, Schifffahrt, Schlammmasse, Schnellläufer, schnelllebig,
Schnelllebigkeit, Schritttempo, schussstark, Schwimmmeister, Sperrrad,
Sperrriegel, Stalllaterne, Stammmutter, Stemmmeißel, Stillleben,
stilllegen, Stilllegung, Stofffarbe, Stofffetzen, Stofffülle, Tufffelsen,
Werkstoffforschung, Wettteufel, Wettturnen, Wolllappen, Wolllaus,
Zechenstilllegung, Zelllehre, Zellstofffabrik.*

Die meisten Zusammensetzungen, in denen drei gleiche Konsonantbuchstaben aufeinandertreffen, sind Substantive. Es gibt jedoch auch Beispiele für Adjektive und Verben:
grifffest, helllicht, helllila, schnelllebig; stilllegen, wettturnen.

Selbstverständlich gilt die Dreifach-Schreibung auch in den Fällen, in denen – wie im Abschnitt 3 ausgeführt – nun *ss* anstatt *ß* geschrieben werden muss. Da diese Fälle einen erheblichen Teil der Liste mit den 3-Konsonanten-Schreibungen ausmachen, sollten Sie sich gut merken: *ss* nach kurzem Vokal kann oft zur Schreibung *sss* führen. So zum Beispiel in:
Basssänger, Delikatesssenf, Einschussstelle, Flusssand, Flussschifffahrt, Flussspat, Fresssack, Haselnussstrauch, Imbissstand, Kommissstiefel, Kongresssaal, Kongressstadt, Messstab, Missstand, Nassschnee, Nussschale, Nussschokolade, Nussstrudel, Passstelle, Passstraße, Presssack, Pressschlag, Pressspan, Reißverschlusssystem, Schlusssatz, Schlussspurt, Schlussstrich, Schussschwäche, Stresssituation, Verschlusssache.

Zusammensetzungen, bei denen drei Vokalbuchstaben aufeinandertreffen, sind relativ selten:
Armeeeinheit, Hawaiiinseln, Kaffeeernte, Kaffeeersatz, Kleeeinsaat, Kleeernte, Schneeeifel, Schneeeule, Seeelefant, Teeei, Teeernte, Zooorchester.

Sie können in diesen Zusammensetzungen aber auch die – bisher bei Substantiven obligatorische – Schreibung mit Bindestrich beibehalten:
Armee-Einheit, Hawaii-Inseln, Kaffee-Ernte, Kaffee-Ersatz, Klee-Einsaat, Klee-Ernte, Schnee-Eifel, Schnee-Eule, See-Elefant, Tee-Ei, Tee-Ernte, Zoo-Orchester.

 Ausnahmen von der Regel sind **dennoch, Drittel, Mittag,** bei denen der dritte Konsonantbuchstabe auch weiterhin entfällt, da diese

Wörter nicht mehr als Zusammensetzungen betrachtet werden.
Das zeigt sich auch an ihrer Trennung, bei der sie schon immer nur
zwei Konsonantbuchstaben hatten: **den-noch, Drit-tel, Mit-tag.**

 Es gibt auch Fälle, in denen bisher beim Aufeinandertreffen nur
zweier gleicher Buchstaben einer nicht geschrieben wurde.
Auch hier führt die Neuregelung zum Erhalt des zweiten Buch-
stabens:
Rohheit (zu *roh*); *Zähheit* (zu *zäh*).

Das Wort *Zierrat* ist eigentlich keine Zusammensetzung, wird
aber in Analogie zu *Vorrat* jetzt auch mit Doppel-r geschrieben.
Neben *selbständig, verselbständigen* sind jetzt auch *selbstständig,
verselbstständigen* korrekt.

 Die Schreibung mit drei gleichen Konsonantbuchstaben ist
sicherlich gewöhnungsbedürftig. Aber wie bei dem Aufeinandertreffen dreier Vokale haben Sie auch beim Zusammentreffen
dreier Konsonanten die Möglichkeit, einen Bindestrich zu verwenden *(Schifffahrt* oder *Schiff-Fahrt, Nassschnee* oder *Nass-
Schnee)*. Genaueres dazu finden Sie in Abschnitt 17.

Bilden Sie aus den hervorgehobenen Wörtern eine Zusammensetzung!

[4]
Aufgabe

Ein **schneller Läufer** schafft diese Distanz in wenigen Minuten.
Ein .... schafft diese Distanz in wenigen
Minuten.

Der **Satz** am **Schluss** von Werbeschreiben sollte eine klare
Botschaft enthalten.
Der .... von Werbeschreiben sollte eine
klare Botschaft enthalten.

In diesem Fall empfehle ich eine **Folie** aus **Kunststoff.**
In diesem Fall empfehle ich eine ....

Diese **Maschine,** die zum **Einrammen** von Stahlrohren dient, ist unsere neueste Entwicklung.
Diese .... ist unsere neueste Entwicklung.

Die **Stelle,** in der die **Pässe** ausgegeben werden, befindet sich im vierten Stock.
Die .... befindet sich im vierten Stock.

Die **Straße** über den **Pass** war sehr gut ausgebaut.
Die .... war sehr gut ausgebaut.

Für **Schokolade** mit **Nüssen** verzichte ich auf jedes Wurstbrot.
Für .... verzichte ich auf jedes Wurstbrot.

Der **Stab** zum **Messen** des **Öls** befindet sich am Motor.
Der .... befindet sich am Motor.

In **nassem Schnee** kann man nicht wedeln.
In .... kann man nicht wedeln.

Verwenden Sie zum Abdecken ein **Läppchen** aus **Mull.**
Verwenden Sie zum Abdecken ein ....

Papier aus **Krepp** eignet sich besonders gut als Geschenkverpackung.
.... eignet sich besonders gut als Geschenkverpackung.

Die **Ernte** des **Kaffees** wird sorgfältig überwacht.
Die .... wird sorgfältig überwacht.

Dieser **Reiniger** für Ihr **Geschirr** reicht länger und kostet
weniger.
Dieser .... reicht länger und kostet weniger.

Im **Fußball** sind **Länderspiele** besonders emotionsgeladen.
.... sind besonders emotionsgeladen.

Gefrorenes Wasser aus Schneekanonen ist kein angemessener
Ersatz für **Schnee.**
Gefrorenes Wasser aus Schneekanonen ist kein angemessener

....

Die **Liste** für die zu **bestellenden** Ersatzteile muss noch heute abgeschickt werden.
Die .... für die Ersatzteile muss noch
heute abgeschickt werden.

5. Die Eindeutschung von Fremdwörtern

§

*Die Wortbestandteile phon, phot und graph können durch fon, fot
und graf ersetzt werden, die Schreibungen -tial und -tiell in einigen
Fällen durch -zial und -ziell.*

Mit dieser Regelung wird die Schreibung von Wörtern, die aus
anderen Sprachen entlehnt worden sind, vorsichtig an die
deutsche Schreibweise angepasst. Diese Anpassung führt dazu,
dass nun in einigen Fällen zwei Schreibvarianten zugelassen
sind. Sie können sich also entscheiden, ob Sie an der bisherigen
Schreibung festhalten wollen oder ob Sie die neu geschaffenen

Möglichkeiten nutzen. Betroffen sind vor allem Fremdwörter mit den häufig verwendeten Bestandteilen *phon*, *phot* und *graph*, zum Beispiel:
Biografie und *Biographie*, *Diktafon* und *Diktaphon*, *grafisch* und *graphisch*, *Grafologe* und *Graphologe*, *Grammofon* und *Grammophon*, *Kartografie* und *Kartographie*, *Mikrofon* und *Mikrophon*, *Paragraf* und *Paragraph*, *fotogen* und *photogen*, *Fotokopie* und *Photokopie*, *Pornografie* und *Pornographie*, *Quadrofonie* und *Quadrophonie*, *stereofon* und *stereophon*, *Stenografie* und *Stenographie*, *Xylofon* und *Xylophon*.

Darüber hinaus können nur in Einzelfällen *gh* zu *g*, *ph* zu *f*, *rh* zu *r* und *th* zu *t* werden:
Jogurt und *Joghurt*; *Spagetti* und *Spaghetti* (wie bisher schon *Getto* oder *Finn-Dingi*);
Delfin und *Delphin*;
Hämorriden und *Hämorrhoiden*; *Katarr* und *Katarrh*; *Myrre* und *Myrrhe*;
Panter und *Panther*; *Tunfisch* und *Thunfisch*.

Die Schreibung *-zial/-ziell* anstatt *-tial/-tiell* wird jetzt in allen Fällen möglich, in denen sich das betroffene Wort einem verwandten Wort mit *z* zuordnen lässt. Wenn Sie sich für die eindeutschende Schreibung entscheiden, entfällt für Sie der Wechsel von *z* im Substantiv und *t* in den Ableitungen, beispielsweise *Essenz*, *Potenz*, *Sequenz*, aber *essentiell*, *potentiell/Potential*, *sequentiell*. Es sind jetzt möglich:
essenziell und *essentiell*; *existenzial* und *existential*; *Differenzial* und *Differential*; *differenziell* und *differentiell*; *Potenzial* und *Potential*; *potenziell* und *potentiell*; *preziös* und *pretiös*; *Preziosen* und *Pretiosen*; *sequenziell* und *sequentiell*; *substanziell* und *substantiell*.

f für **ph** findet sich in der Hauptsache in den Wortstämmen **phon,** **phot** und **graph.** Wörter wie **Philosophie, Metapher, Phänomen,** **Physik** oder **Sphäre** werden dagegen weiterhin nur mit **ph** geschrieben. Erhalten bleiben auch **rh** beziehungsweise **th** in **Rhapsodie,** **Rhesusfaktor, Rhetorik, Apotheke, Diskothek, Ethos, Leichtathletik, Mathematik, Theater, Theke, These.** Diese Einschränkungen führen dazu, dass beispielsweise das **ph** in **Orthographie** durch **f** ersetzt werden kann, nicht aber das **th** durch **t: Orthografie.**

 Offensichtlich wirkt die Andekdote, Kaiser Wilhelm II. habe das *h* in *Thron* gerettet, indem er dekretierte, am Thron dürfe nicht gerüttelt werden, noch immer nach: Das *h* in *Thron* bleibt uns erhalten!
Dafür haben sich aber *Telefon/telefonieren* und *Foto/fotografieren* als allein gültige Schreibungen durchgesetzt.

Ergänzen Sie die Lücken!

Aufgabe

Wer sich in den S__ären der Ma__ematik bewegt, der geht sicherlich mit Differen__ialrechnung und poten__iellen Zahlen um. Von welchem E__os er dabei bewegt wird, ja was für ihn überhaupt essen__iell ist, brauchen wir nicht zu wissen. Ob er lieber __apsodien hört, sich in Disko__eken müde tanzt oder Leichta__letikveranstaltungen besucht, ob er gern Spa__etti mit Jo__urtsoße isst, braucht uns nicht zu interessieren. Es ist auch gleichgültig, ob er Del__ine im Aquarium bewundert, während er den __unfisch dagegen eher als Salat schätzt. Auch seine __iloso__ie ist uns egal, Hauptsache, er beherrscht die Or__ogra__ie!

6. Der Plural englischer Wörter auf -y

Wörter aus dem Englischen, die auf -y enden,
erhalten im Plural ein -s.

§

Singular	Plural
Baby	Babys
City	Citys
Lady	Ladys
Lobby	Lobbys
Party	Partys
Rowdy	Rowdys
Shortstory/Short Story	Shortstorys/Short Storys

Dieser *s*-Plural bedeutet eine Vereinfachung vor allem bei solchen Wörtern, denen wir im Alltag ständig begegnen und bei denen wir vielfach gar nicht mehr daran denken, dass sie im Englischen den Plural mit *-ies* bilden.

 Wenn Sie ein englisches Zitatwort verwenden, dann gilt die Originalschreibung, zum Beispiel *Grand Old Ladies*.

Wer zu den Börsenassen gehören will, der darf nicht wie ein Tollpatsch herumlaufen und beispielsweise Zeit auf die Nummerierung der besten Tipps verschwenden. Wer so seine Aufträge zu platzieren versucht, der sollte lieber unter
der Steppdecke bleiben und das Börsenparkett meiden.

Lösung

In einem aufwendigen/aufwändigen Verfahren wurde der neue Extrakt analysiert. Dabei ging zwar kein Quäntchen des Stoffs verloren, doch die über-
schwänglichen Erwartungen erfüllten sich keineswegs. Ganz im Gegenteil, die
beiden Erfinder blickten ziemlich belämmert drein.

Lösung

Die besorgten Eltern wollten ihre Kinder vor den Gefahren der Berge bewahren.
Da sie sie nicht am Bändel führen konnten, versuchten sie ihren Sprösslingen
wenigstens einzubläuen, dass sie die Felskanten meiden sollten. Schließlich sei-
en sie keine behänden Gämsen. Obwohl es Vater und Mutter ein Gräuel war,
beschlossen sie, in der Schenke/Schänke auf die Rückkehr der Kinder zu warten.

„Weißt du, wie viel Sternlein stehen?", heißt es im Lied. Natürlich wissen wir
das nicht. Ob wir es wirklich gern wüssten? Auf jeden Fall ist es eine ganze
Masse, und ihre Zahl scheint zuzunehmen in dem Maße, in dem Satelliten ins
All vorstoßen. Fragen wir also nicht nach einer verlässlichen Zahl, sondern
geben wir uns dem Genuss ihres Anblicks hin, solange hässliche Wolken sie
unseren Augen nicht entziehen. Ein bisschen Sentimentalität mag dabei nicht
schaden. Wer jedoch so anfällig ist, dass ihm beim Anblick der Sterne die
Augen wässrig werden, der schließe sie lieber und halte sie fest geschlossen, bis
die Sterne verblasst sind. Dann genieße er den Sonnenaufgang; auch das kann
ein unvergessliches Erlebnis sein.

Lösung

Ein **Schnellläufer/Schnell-Läufer** schafft diese Distanz in wenigen Minuten.
Der **Schlusssatz/Schluss-Satz** von Werbeschreiben sollte eine klare Botschaft
enthalten.

4

Lösung

In diesem Fall empfehle ich eine **Kunststofffolie/Kunststoff-Folie**.

Diese **Rammmaschine/Ramm-Maschine** ist unsere neueste Entwicklung.

Die **Passstelle/Pass-Stelle** befindet sich im vierten Stock.

Die **Passstraße/Pass-Straße** war sehr gut ausgebaut.

Für **Nussschokolade/Nuss-Schokolade** verzichte ich auf jedes Wurstbrot.

Der **Ölmessstab/Ölmess-Stab** befindet sich am Motor.

In **Nassschnee/Nass-Schnee** kann man nicht wedeln.

Verwenden Sie zum Abdecken ein **Mullläppchen/Mull-Läppchen**.

Krepppapier/Krepp-Papier eignet sich besonders gut als Geschenkverpackung.

Die **Kaffeeernte/Kaffee-Ernte** wird sorgfältig überwacht.

Dieser **Geschirrreiniger/Geschirr-Reiniger** reicht länger und kostet weniger.

Fußballländerspiele/Fußball-Länderspiele sind besonders emotionsgeladen.

Gefrorenes Wasser aus Schneekanonen ist kein angemessener

Schneeersatz/Schnee-Ersatz.

Die **Bestellliste/Bestell-Liste** für die Ersatzteile muss noch heute abgeschickt

werden.

Wer sich in den Sphären der Mathematik bewegt, der geht sicherlich mit

Differenzialrechnung/Differentialrechnung und potenziellen/potentiellen Zah-

len um. Von welchem Ethos er dabei bewegt wird, ja was für ihn überhaupt

essenziell/essentiell ist, brauchen wir nicht zu wissen. Ob er lieber Rhapsodien

hört, sich in Diskotheken müde tanzt oder Leichtathletikveranstaltungen be-

sucht, ob er gern Spagetti/Spaghetti mit Jogurtsoße/Joghurtsoße isst, braucht

uns nicht zu interessieren. Es ist auch gleichgültig, ob er Delfine/Delphine

im Aquarium bewundert, während er den Tunfisch/Thunfisch dagegen eher als

Salat schätzt. Auch seine Philosophie ist uns egal, Hauptsache, er beherrscht

die Orthografie/Orthographie!

[5]

Lösung

[A] Tragen Sie die richtigen Wortschreibungen in die Lücken ein!

Der Lottogewinn

Wie jeden Samstagabend sa(ss/ß) .... die Familie Kuntz einträchtig vor dem Fernsehschirm und fieberte der Ziehung der Lottozahlen entgegen. Da(s/ss/ß) .... Ausfüllen der Lottoscheine gehörte zu Herrn Kuntz' Hobbys/Hobbies .... und wurde immer bereits montags erledigt. Seine persönliche Ziffernfolge kannte er längst auswändig/auswendig .... , da er alle Kreuzchen schon seit Jahren auf den gleichen Zahlen platzierte/plazierte .... In dieser Woche wollte ausnahmsweise Opa Kuntz dafür sorgen, da(s/ss/ß) .... die Scheine pünktlich zur Annahmestelle gelangten.

Endlich war das Fu(ss/ß)ball(l)änderspiel .... überstanden und die Moderatorin kündigte die Ziehung der Gewinn(n)ummern .... an. Zuerst warf das Gerät die 19 aus, dann die 4 und schließlich die 26. Der Vater wurde zusehends nervöser, denn bisher stimmten alle Zahlen mit den angekreuzten überein. Als die 42 gezogen wurde, hielt es ihn nicht mehr im Sofa und er a(ss/ß) .... hastig ein Stück Nu(s/ss/ß)schokolade .... nach dem anderen, soda(s/ss/ß) .... auch Frau Kuntz ein bi(ss/ß)chen .... aufgeregter wurde. Nur Sohn Robert merkte, da(s/ss/ß) .... Opa sich immer häufiger die Nase schnäuzte/schneuzte .... und unruhig seine Brieftasche durchsuchte. Da(s/ss/ß) .... die nächste Zahl eine Niete war, sorgte nur kurz für Mi(s/ss/ß)stimmung .... , denn die letzte gezogene Ziffer war die 34. Nun hatte man fünf Richtige und eine hübsche Summe Geld. Herr Kuntz freute sich schon überschwänglich/überschwenglich .... auf die vielen Partys/Parties .... , die man damit steigen lassen könnte, während Mutter auf einen neuen Geschirr(r)einiger .... hoffte, der ihr den aufwändigen/aufwendigen .... Abwasch ersparen würde.

Unvermittelt ri(ss/ß) .... Opa sie jedoch aus allen Träumen:
„Entschuldigt bitte", unterbrach er vorsichtig die Begeisterung,
„aber ich habe vergessen, eure Lottotip(p)s .... abzugeben." Verlegen reichte er dem entsetzten Älternpaar/Elternpaar
.... die sorgfältig durchnum(m)erierten
.... Formulare.
Herrn Kuntz' Roh(h)eit .... kannte nun keine Grenzen mehr,
so sehr sich Opa auch für sein Mi(ss/ß)geschick ....
entschuldigte: „Du Tol(l)patsch .... ", beschimpfte er den
belämmert/belemmert .... dreinblickenden Gro(ss/ß)-
vater .... , „kannst du denn gar nichts selb(st)ständig
.... erledigen?" Da der Schuldbewu(ss/ß)te ....
.... dieser Stre(s/ss/ß)situation .... nicht ge-
wachsenen war, mu(ss/ß)te .... sein Enkel Robert ein Beruhigungsmittel aus der Nachtapoteke/Nachtapotheke ....
besorgen, derweil Frau Kuntz ihrem Mann zur Besänftigung sein
Leibgericht zubereitete: Spagetti/Spaghetti .... mit
Tunfischso(ss/ß)e/Thunfischso(ss/ß)e ....
Denn(n)och .... sollte es viele Tage dauern, bis Vater
Kuntz unter diesen gräulichen/greulichen .... Abend
einen Schlu(s/ss/ß)strich .... ziehen konnte.

→ B. Getrennt- und Zusammenschreibung

Wie Sie ja aus Ihrer täglichen Schreiberfahrung wissen, gibt es gerade bei der Getrennt- und Zusammenschreibung häufig Zweifelsfälle und Unsicherheiten: Heißt es *haften bleiben* oder *haftenbleiben, nicht öffentlich* oder *nichtöffentlich?* Und Sie kennen auch so manche Ungereimtheit. Wer hat da noch nie den Kopf geschüttelt über die frühere Vorschrift, *Auto* und *fahren* getrennt schreiben zu sollen, *Rad* und *fahren* aber zusammen, also *Auto fahren*, aber *radfahren?* Der Hauptgrund für diese verwirrenden Verhältnisse liegt darin, dass die Getrennt- und Zusammenschreibung in der Vergangenheit nicht generell geregelt war. Überrascht Sie das? Tatsache ist, die alte Rechtschreibung regelte viel, aber doch nicht alles.

Dieser Zustand hat im Lauf der Zeit zu vielen Einzelfall- und Sonderfestlegungen geführt, denen nun mit der Neuregelung zu Leibe gerückt wird. So schreibt man jetzt *Rad fahren* ebenso wie *Auto fahren*. Insgesamt bleibt aber die Getrennt- und Zusammenschreibung das schwierigste Kapitel der deutschen Rechtschreibung. Weil sich nicht alle Fälle ganz eindeutig klären lassen, sind häufig zwei Varianten erlaubt.

7. Verbindungen aus Substantiv und Verb

> *Verbindungen aus Substantiv und Verb werden getrennt geschrieben, wenn das Substantiv seine Eigenständigkeit bewahrt hat. Man schreibt zusammen, wenn das Substantiv verblasst ist.*

§

Die meisten Verbindungen dieser Art wurden schon früher als Wortgruppe behandelt, zum Beispiel *Klavier spielen, Auto fahren* oder *Kartoffeln schälen.* Das galt aber beispielsweise nicht für *Rad fahren,* das als Zusammensetzung betrachtet wurde und deshalb zusammengeschrieben werden musste. Hatte man sich für Zusammensetzung entschieden, dann musste man auch noch auf den Wechsel zwischen Groß- und Kleinschreibung achten, also *radfahren, ich bin radgefahren,* aber *ich fahre Rad.* Solche Verkomplizierungen und Unsicherheiten sind durch die Neuregelung beseitigt, die in diesem Fall konsequent Getrenntschreibung verlangt: *Rad fahren, ich bin Rad gefahren* und *ich fahre Rad.* Einige weitere Beispiele, für die die neue Regelung gilt: *Hof halten, Kegel schieben, Maschine schreiben, Maß nehmen, Probe fahren, Rad schlagen.*

[!] Allerdings müssen Sie auf zwei wichtige Einschränkungen achten. Die erste betrifft Verbindungen, in denen das Substantiv schon verblasst ist. Hierzu gehören:
eislaufen, heimbringen, heimreisen, heimsuchen, heimzahlen, kopfstehen, leidtun, nottun, preisgeben, standhalten, stattfinden, stattgeben, teilhaben, teilnehmen, wundernehmen.
Wird das verblasste Substantiv abgetrennt, wird es dennoch kleingeschrieben:
die Kinder liefen eis; dies zahlte ihm der Bösewicht heim; das Gericht gab der Berufung statt; viele Gäste nahmen an der Feier teil.

Die zweite Einschränkung betrifft Fälle, in denen Substantiv und
Verb eine untrennbare Zusammensetzung bilden:
**brandmarken – er brandmarkte den Übeltäter; schlafwandeln –
Heidi schlafwandelte; schlussfolgern – der Logiker schlussfolgerte.**

Daneben gibt es einige Beispiele, in denen neben der Zusammenschreibung auch die Getrenntschreibung möglich ist, je nachdem ob
Sie die Substantiv-Verb-Verbindung als Zusammensetzung oder
als Wortgruppe betrachten. Entscheiden Sie sich für die Wortgruppe,
dann schreiben Sie das Substantiv groß:
wir müssen Acht geben oder **achtgeben; gib Acht!** oder **gib
acht!; lasst uns hier Halt machen** oder **haltmachen; versuchen
Sie Maß zu halten** oder **maßzuhalten.**

In den folgenden Fällen bleiben die zusammengeschriebenen Formen
auch in den gebeugten Formen zusammen:
danksagen – sie danksagte oder **Dank sagen – sie sagte Dank;
gewährleisten – sie gewährleistet** oder **Gewähr leisten – sie
leistet Gewähr; hohnlachen – er hohnlachte** oder **Hohn lachen –
er lachte Hohn; haushalten – er haushaltete** oder **Haus halten – er hielt Haus; staubsaugen – er staubsaugte** oder **Staub
saugen – er saugte Staub.**

Die Getrenntschreibung von Substantiv und Verb gilt übrigens nicht nur für die Verben im Infinitiv, sondern auch für die
Partizipformen. Hier können Sie allerdings auch bei der Zusammenschreibung bleiben, sofern Sie die beiden Wörter als
Einheit verstanden wissen wollen:
eine Achtung gebietende, auch: *achtunggebietende Persönlichkeit,
Ackerbau treibende,* auch: *ackerbautreibende Völker, der Aufsicht
führende,* auch: *aufsichtführende Lehrer, Daten verarbeitende,* auch:
datenverarbeitende Maschinen, Deutsch sprechende, auch: *deutsch-
sprechende Touristen, der Dienst habende,* auch: *diensthabende Arzt,*

die Eisen verarbeitende, auch: *eisenverarbeitende Industrie, die Erdöl exportierenden,* auch: *erdölexportierenden Länder, Erholung suchende,* auch: *erholungsuchende Großstädter, Feuer speiende,* auch: *feuerspeiende Drachen, das Holz verarbeitende,* auch: *holzverarbeitende Gewerbe, Kohle führende,* auch: *kohleführende Flöze, Laub tragende,* auch: *laubtragende Bäume, die Leder verarbeitende,* auch: *lederverarbeitende Industrie, die Not leidende,* auch: *notleidende Bevölkerung, eine Sporen bildende,* auch: *sporenbildende Pflanze, Staaten bildende,* auch: *staatenbildende Insekten.*

[!] Die Getrenntschreibung gilt allerdings nicht, wenn durch die Verbindung des Substantivs mit einem Partizip gegenüber der Wortgruppe aus Substantiv und Verb im Infinitiv ein Artikel oder eine Präposition eingespart werden kann:
angsterfüllte Blicke, ihr freudestrahlendes Lächeln, eine herzerquickende Natürlichkeit, kopfschüttelnde Zuschauer, das maßgebende Urteil, milieubedingte Kriminalität, die mondbeschienene Lichtung, eine sagenumwobene Burg, schneebedeckte Berggipfel, die todbringende Seuche.

Ob ein Artikel oder eine Präposition eingespart wird, können Sie recht einfach prüfen, indem Sie entweder die zugrunde liegende verbale Fügung oder einen Relativsatz bilden:
angsterfüllt = von Angst erfüllt (**von** wird eingespart); **herzerquickend** = das Herz erquickend (**das** wird eingespart); **schneebedeckte Berggipfel** = Berggipfel, die mit Schnee bedeckt sind (**mit** wird eingespart); **die todbringende Seuche** = eine Seuche, die den Tod bringt (**den** wird eingespart).

Zusammengeschrieben wird darüber hinaus natürlich weiterhin, wenn Substantiv und Partizip durch ein sogenanntes Fugenzeichen miteinander verbunden sind. Auch dafür einige Beispiele:

erholungssuchende Touristen, gnadenbringende Weihnachts-
zeit, eine lebensrettende Maßnahme, die richtungsweisende
Entscheidung.

 Zur Großschreibung von Substantiven, die mit Verben feste
Gefüge bilden, finden Sie weitere Hinweise im Abschnitt 22.

Formen Sie die hervorgehobenen Substantivierungen in
Verbindungen aus Substantiv und Verb um, oder verwandeln
Sie die hervorgehobenen Relativsätze in Attribute!

Aufgabe

Hinweise für das **Maschinenschreiben** finden Sie im Anhang.
Im Anhang finden Sie Hinweise, wie Sie ....
können.

Meine **Heimreise** findet morgen Abend statt.
Ich .... morgen Abend ....

Die Industrie, **die Papier verarbeitet,** verbraucht viel Wasser.
Die .... Industrie verbraucht viel Wasser.

Die **Hofhaltung** des Sonnenkönigs war außerordentlich kostspielig.
Wie der Sonnenkönig .... hat, war außerordentlich kostspielig.

Der Kanzler rief zum **Maßhalten** auf.
Die Bevölkerung sollte ....

Die Kriminalität, die **durch das Milieu bedingt** ist, kann nur
schwer bekämpft werden.
Die .... Kriminalität kann nur schwer
bekämpft werden.

Seine **Teilnahme** an der Veranstaltung war gefährdet.
Er konnte an der Veranstaltung nicht ....

Die **Gewährleistung** unseres Unternehmens zielt auf einen
hohen Standard.
Unser Unternehmen .... einen hohen Standard.

Das **Eislaufen** auf Seen und Flüssen ist ein beliebter Zeitvertreib
bei Jung und Alt.
Auf Seen und Flüssen ...., ist ein beliebter
Zeitvertreib bei Jung und Alt.

Eine **Preisgabe** unserer Ansprüche steht nicht zur Diskussion.
Wir werden unsere Ansprüche nicht ....

Eine **Probefahrt** mit unserem neuen Modell wird Sie überzeugen.
Sie sollten einmal mit unserem neuen Modell ....

Auf der ganzen Welt trifft man Touristen, die **Englisch sprechen.**
Auf der ganzen Welt trifft man .... Touristen.

Die **Teilnahme** an diesem Kurs wird Ihr **Klavierspiel**
perfektionieren.
Wenn Sie an diesem Kurs ...., werden Sie perfekt
....

Unter **Hohnlachen** verließ er den Saal.
Er verließ den Saal, indem er ....

Eine Burg, die **von Sagen umwoben** ist, lockt viele Besucher an.
Eine .... Burg lockt viele Besucher an.

Das **Wehklagen** der Rheintöchter ließ Wotan kalt.

Die Rheintöchter .... , was Wotan kalt ließ.

Die **Schlussfolgerung** des Logikers war messerscharf.

Der Logiker .... messerscharf.

Die **Preisgabe** dieses Grundsatzes verletzt unser Rechtsempfinden.

.... wir diesen Grundsatz .... ,

verletzt das unser Rechtsempfinden.

Manche Substanzen, die **Krebs erregen,** können sich auch in
Lebensmitteln finden.

Manche .... Substanzen können sich auch
in Lebensmitteln finden.

8. Verbindungen aus zwei Verben

> **§**
>
> *Verbindungen von einem Verb im Infinitiv mit einem zweiten Verb
> werden in der Regel getrennt geschrieben.*

*bestehen bleiben, bleiben lassen, fahren lassen, fallen lassen, flöten
gehen, gehen lassen, haften bleiben, hängen bleiben, hängen lassen,
kennen lernen, kleben bleiben, laufen lassen, lieben lernen, liegen
bleiben, liegen lassen, ruhen lassen, sausen lassen, schätzen lernen,
schießen lassen, sein lassen, sitzen bleiben, sitzen lassen, spazieren
fahren, spazieren gehen, stecken bleiben, stecken lassen, stehen
bleiben, stehen lassen, stiften gehen.*

[!] Verbindungen mit *bleiben* oder *lassen* können Sie allerdings wahlweise getrennt oder zusammenschreiben, wenn die Verbindung im
übertragenen Sinne verwendet wird:

der Schüler ist in der dritten Klasse sitzen geblieben oder **sitzengeblieben; eine Bemerkung fallen lassen** oder **fallenlassen; mitten in einem Vortrag stecken bleiben** oder **steckenbleiben.**

Auch für *kennen* in Verbindung mit *lernen* gelten beide Schreibweisen als korrekt:
jemanden besser kennen lernen oder **kennenlernen.**

 Wenn Sie eine getrennt geschriebene Verbindung in Partizipform als Attribut gebrauchen, können Sie zwischen der Getrennt- oder Zusammenschreibung wählen:
Der sitzen gelassene, auch: *sitzengelassene Freier muss sich den Spott gefallen lassen.*
Die kleben bleibenden, auch: *klebenbleibenden Schüler sind zu bedauern.*
Im Schlamm stecken gebliebene, auch: *steckengebliebene Lastwagen mussten mit Seilwinden herausgezogen werden.*

In zusammengesetzten Zeitformen bleibt die Getrenntschreibung jedoch erhalten:
Sie hatte die Kinder spazieren gefahren.
Der Lastwagen ist im Schlamm stecken geblieben.

[7]
Aufgabe

Formen Sie die folgenden Sätze so um, dass zwei Verben unmittelbar aufeinanderfolgen. In einigen der Beispielsätze müssen Sie auch zusammengesetzte Substantive in Verbverbindungen verwandeln.

Lassen Sie alle Termine **schießen** und **lernen** Sie unser Spitzenprodukt auf der nächsten Messe **kennen!**
Sie sollten alle Termine .... und auf der nächsten Messe unser Spitzenprodukt ....

Häufig **bleibt** doch der letzte Eindruck **haften.**
Was doch häufig .... , ist der letzte Eindruck.

Als **Sitzenbleiber** werden Sie **lernen,** unseren Studienkreis **zu lieben.**
Wenn Sie .... sind, werden Sie unseren
Studienkreis ....

Lassen Sie diesen Unfug **bleiben!**
Sie sollten diesen Unfug .... !

Was sollen mir **Spazierfahrt** oder **Spaziergang,** ich **bleibe** hier
sitzen.
Ich will nicht .... oder ....
.... , sondern hier ....

Im Dreck **bleibt** so mancher **stecken,** der nicht auf den Weg achtet.
So mancher, der nicht auf den Weg achtet, kann im Dreck
....

Auch wenn die Rechtschreibung reformiert wird, **bleiben** die
meisten Regeln **bestehen.**
Die meisten Regeln werden .... , auch
wenn die Rechtschreibung reformiert wird.

Wenn man einen guten Leim verwendet, **bleibt** das Plakat
problemlos **kleben.**
Verwenden Sie einen guten Leim, sodass das Plakat problemlos
....

Geht das Vertrauen in Sie **flöten, bleibt** die Ware an Ihnen **hängen.**
Wenn das Vertrauen in Sie .... , wird die
Ware an Ihnen ....

9. Verbindungen aus Partizip und Verb

Verbindungen aus Partizip und Verb werden in der Regel getrennt geschrieben. §

Zu den auch früher schon getrennt geschriebenen Fällen wie *getrennt schreiben, getrennt leben, rasend machen, vereint marschieren, fliegend wechseln* kommen nun noch *gefangen halten, gefangen nehmen, gefangen setzen.*

 Lassen Sie sich nicht davon verwirren, dass es zwar *gefangen nehmen* und *getrennt schreiben* heißt, aber *zusammennehmen* und *zusammenschreiben!*
Denn *zusammen-* gehört zu der langen Reihe von abtrennbaren Partikeln von *ab-* bis *zwischen-*, die im Infinitiv, dem Partizip I und Partizip II sowie im Nebensatz bei Endstellung des Verbs mit dem Verb zusammengeschrieben werden. Zum Beispiel: *Du weißt doch, dass du* **gefangen nehmen** *nicht zusammenschreiben darfst. Aber: Schreibe* **zusammennehmen** *zusammen!*

An der Getrenntschreibung ändert sich selbstverständlich nichts, wenn Sie eine solche Verbindung in Partizipform in einer zusammengesetzten Zeit gebrauchen:
Ihre Eltern hatten damals schon viele Jahre getrennt gelebt.

Wird die Verbindung in der Partizipform aber als Attribut verwendet, so kann sie auch zusammengeschrieben werden, wenn sie als Einheit aufgefasst wird:
Wie werden getrennt lebende, auch: *getrenntlebende Eheleute steuerlich erfasst?*

Setzen Sie die hervorgehobenen Ausdrücke in die Lücken ein!

Hält man diese Tiere **gefangen**, so muss man auch gut für sie sorgen.

Wenn man diese Tiere ...., so muss man auch gut für sie sorgen.

Falls man diese Tiere .... sollte, so muss man auch gut für sie sorgen.

Nimm dich **zusammen**, sonst **nehmen** sie dich noch **gefangen**!

Du solltest dich ...., damit sie dich nicht

....

10. Verbindungen aus Adjektiv und Verb bei übertragener Bedeutung

Verbindungen aus Adjektiv und Verb werden in der Regel zu-sammengeschrieben, wenn sie eine neue, idiomatisierte (übertragene, nicht ganz wörtlich zu nehmende) Gesamtbedeutung haben.

§

ähnlichsehen (= [von jemandem] zu erwarten sein), *alleinstehen* (= keine Familie, keinen Partner haben), *blindfliegen* (= ohne Sicht fliegen), *bloßstellen* (= blamieren), *dichthalten* (= nichts verraten), *fernsehen, fernsteuern, festlegen* (= bestimmen), *festnehmen* (= verhaften), *freihalten* (= einladen), *freisprechen* (= nicht verurteilen), *glattgehen* (= gelingen), *gleichschalten, großschreiben* (= für wichtig erachten, mit großem Anfangsbuchstaben schreiben), *gutschreiben* ([einen Betrag] anrechnen), *heiligsprechen, heimlichtun* (= sich geheimnisvoll verhalten), *hochhalten* (= in Ehren halten), *kaltstellen* (= [politisch] ausschalten), *kleinschreiben* (= wenig Bedeutung beimessen, mit kleinem

Anfangsbuchstaben schreiben), *krankschreiben, kürzertreten* (= sich einschränken), *leichtfallen* (= keine Mühe bereiten), *naheliegen* (= sich anbieten), *offenstehen* (= freistehen), *richtigstellen* (= berichtigen), *satthaben* (= [einer Sache] überdrüssig sein), *schiefgehen* (= misslingen), *schönreden* (= beschönigen), *schwarzarbeiten, seligsprechen, sicherstellen* (= beschlagnahmen, gewährleisten), *stilllegen, strammstehen, totschweigen, wachrütteln* (= aufrütteln), *wichtigtun, zufriedenlassen* (= in Ruhe lassen)

 In einigen Fällen schreibt man auch bei übertragener Bedeutung getrennt, vor allem bei Verben mit Vorsilben und bei Adjektiven in Paarformeln:
dick auftragen, klein beigeben, übel aufstoßen; sich gelb und grün ärgern, kreuz und quer gehen.

 Nicht immer ist ganz eindeutig festzulegen, ob eine Idiomatisierung vorliegt oder nicht; in solchen Fällen können Sie getrennt oder zusammenschreiben:
gering schätzen/geringschätzen, lästig fallen/lästigfallen, übel nehmen/übelnehmen, übrig bleiben/übrigbleiben.

Formen Sie die hervorgehobenen Ausdrücke so um, dass die Verbindungen aus Adjektiv und Verb direkt aufeinandertreffen!

Aufgabe

Das **Hochrechnen** dieser Zahlen wird uns zumindest zu einem vorläufigen Ergebnis führen.
Wenn wir diese Zahlen .... , werden wir zumindest zu einem vorläufigen Ergebnis gelangen.

Es **fiel** mir nicht **leicht,** mich von meinen Büchern zu trennen.
Mich von meinen Büchern zu trennen, ist mir nicht
....

Was **liegt** in einem solchen Fall **näher** als ein Freispruch?
Was kann in einem solchen Fall .... als ein
Freispruch?

Es **bleibt** der hohen Geistlichkeit nichts anderes **übrig** als die
Seligsprechung des eher aufmüpfigen Mönchs.
Es wird der hohen Geistlichkeit nichts anderes
.... , als den eher aufmüpfigen Mönch
....

Schreibt man uns den Betrag heute noch **gut, geht** alles **glatt.**
Wenn man uns den Betrag heute noch .... ,
wird alles ....

Ihm **stand** es nicht **offen,** die **Bloßstellung** zu vermeiden.
Ihm hat es nicht .... zu vermeiden, dass man
ihn .... hat.

Gib dich damit **zufrieden,** ich **stelle** deinen Lebensunterhalt
sicher.
Du kannst dich damit .... , dass ich deinen
Lebensunterhalt ....

Es **lag** dem Aussteller **fern,** die Objekte beliebig aneinanderzureihen.
Es hat dem Aussteller .... , die Objekte
beliebig aneinanderzureihen.

11. Verbindungen aus Adjektiv und Verb bei wörtlichem Gebrauch

§

Man kann Verbindungen aus Adjektiv und Verb bei wörtlichem Gebrauch getrennt oder zusammenschreiben, wenn
a) es sich um ein einfaches, also nicht zusammengesetztes, erweitertes oder abgeleitetes Adjektiv handelt,
b) es sich um ein einfaches, also nicht zusammengesetztes oder abgeleitetes Verb handelt und
c) das Adjektiv angibt, wie sich das Objekt des Verbs durch die mit dem Verb bezeichnete Tätigkeit verändert.

blau färben/blaufärben, flach klopfen/flachklopfen, gesund pflegen/gesundpflegen, hart kochen/hartkochen, kahl fressen/kahlfressen, kaputt machen/kaputtmachen, klein schneiden/kleinschneiden, lang ziehen/langziehen, leer essen/leeressen, nass schwitzen/nassschwitzen, satt machen/sattmachen, sauber machen/saubermachen, schlank machen/schlankmachen, stramm ziehen/strammziehen, weich kauen/weichkauen, wund laufen/wundlaufen.

Aber nur:
hellblau färben, zu flach klopfen, ganz klein schneiden, stramm anziehen, sich wund laufen.

Bei entsprechenden Verbindungen mit fest-, voll- und tot- ist die Getrenntschreibung bei nicht erweitertem Adjektiv oder Verb unüblich: *festschrauben, volltanken, totschlagen.* (Aber auch hier nur: *fest anschrauben, ganz voll tanken.*) In den anderen Fällen können Sie mit einer generellen Getrenntschreibung nicht viel falsch machen, wenn Ihnen die neue Regelung als etwas zu kompliziert erscheint.

Fügen Sie die hervorgehobenen Ausdrücke so in die Lücken ein, dass Adjektiv und Verb unmittelbar aufeinanderfolgen. Dazu ist es in einigen Fällen auch notwendig, Substantive, Substantivierungen oder Adjektive in Verbverbindungen umzuwandeln.

Aufgabe [10]

Färben Sie die Eier **hellblau,** und vergessen Sie nachher das **Saubermachen** nicht.
Wenn Sie die Eier .... haben, müssen Sie noch alles ....

Wer **pflegt** dich **gesund,** wer **schneidet** dir dein Essen **klein,** wenn du nicht mehr kauen kannst?
Wer soll dich .... , wer dir dein Essen ...., wenn du nicht mehr kauen kannst?

Durch **Kahlfraß** sind schwere Schäden an den Bäumen entstanden.
Weil sie .... wurden, sind schwere Schäden an den Bäumen entstanden.

Sein Hemd war **schweißnass.**
Er hatte sein Hemd ....

So ein Nudelauflauf ist ein bei vielen Gästen beliebter **Sattmacher.**
So ein Nudelauflauf kann viele Gäste ....

Zu **stramm** sollte man das Seil nicht **anziehen.**
Man sollte das Seil nicht zu ....

Über stures **Festhalten** an den Regeln **ärgerte** sich unsere Lehrerin **tot.**
Wenn wir stur an den Regeln ...., konnte sich unsere Lehrerin ....

12. Verbindungen aus Adverb und Verb

§

Zusammenschreibung gilt, wenn Adverbien wie abwärts, auseinander, dazu, heraus, hinüber, voran, weiter, wieder oder zusammen als Verbzusätze gebraucht werden. Selbstständige Adverbien sind in Verbindung mit Verben meist weniger stark betont – dann gilt in der Regel Getrenntschreibung –, Verbzusätze tragen meist den Hauptakzent.

abwärtsgehen, auseinandersetzen, dazukommen, herausfallen, hinüber-reichen, voranschreiten, weiterhelfen, wiedergeben, zusammenstehen.

Aber: *abwärts dahinfließen, auseinander hervorgehen, weiter ein-schränken, wieder anrufen, zusammen abreisen.*

Die frühere Regelung der bedeutungsunterscheidenden Ge-trennt- oder Zusammenschreibung gilt hier nicht mehr generell. Es heißt also sowohl **zwei streitende Schüler aus-einandersetzen** als auch **sich mit einem Problem ausei-nandersetzen.**

Zu unterscheiden sind aber nach wie vor:
Sie soll dableiben (=nicht weggehen; der Hauptakzent liegt auf *da*).
Sie soll da bleiben, wo sie hingehört (*da* und *bleiben* sind ungefähr gleich betont).
Wir werden uns einer starken Opposition gegenübersehen (der Haupt-akzent liegt auf *gegenüber*).
Das Haus, das Sie gegenüber sehen, sollte damals abgerissen werden (*gegenüber* und *sehen* sind ungefähr gleich betont).

Immer getrennt schreibt man, wenn eine gebeugte Form
(also kein Infinitiv oder Partizip) am Anfang eines Hauptsatzes
steht:
Abwärts ging es schneller.
Sie öffnete das Kästchen und heraus fiel ein Bündel Briefe.

Zu den auseinanderzuschreibenden Verbindungen gehören
infrage stellen, instand setzen, zugrunde gehen, zugrunde liegen,
zuleide tun, zurande kommen, zuschanden machen, zuschulden
kommen lassen, zustande bringen, zutage fördern, zuwege bringen.
Hier haben Sie auch die Möglichkeit, die Verbindung als Wortgruppe in drei Wörtern zu schreiben:
in Frage stellen, in Stand setzen, zu Grunde gehen, zu Grunde liegen,
zu Leide tun, zu Rande kommen, zu Schanden machen, zu Schulden
kommen lassen, zu Stande bringen, zu Tage fördern, zu Wege bringen.

Fügen Sie die hervorgehobenen Ausdrücke so in die Lücken
ein, dass Adverb und Verb unmittelbar aufeinanderfolgen.
Dazu ist es in einigen Fällen auch notwendig, Substantive, Substantivierungen oder Adjektive in Verbverbindungen umzuwandeln.

Aufgabe

Mit der Firma **ging** es seit ein paar Jahren **abwärts,** jetzt ist ein
weiterer Abbau von Personal unumgänglich.
Mit der Firma ist es seit ein paar Jahren nur noch
...., jetzt muss das Personal
.... werden.

Der **Zusammenhalt** in der Familie hilft uns bei der **Auseinander-**
setzung mit Problemen.
Dass die Familie ...., hilft uns, wenn wir
uns mit Problemen .... müssen.

Wir **schritten** munter **voran,** aber die anderen **blieben** immer
weiter **zurück.**
Während wir munter ...., sahen wir,
dass die anderen immer weiter ....

Der Staub **wirbelte hoch, voraus ging** ein dumpfes Krachen.
Der Staub wurde ...., ein dumpfes
Krachen war ....

Damit **dazwischen** noch das Sofa **passt, schiebt** die Schränke
bitte ein Stück **auseinander.**
Das Sofa soll noch ...., ihr müsst also
die Schränke ein Stück ....

Bringen Sie die neuen Rechtschreibregelungen nicht **durch-
einander,** denn das könnte zur **Infragestellung** Ihrer Schreibkompetenz führen.
Wenn Sie die neuen Rechtschreibregelungen
..............................., könnte das dazu führen, dass
man Ihre Schreibkompetenz ....

13. Verbindungen mit sein

---

*Verbindungen mit *sein* werden stets getrennt geschrieben.*   **§**

Begründet wird diese Festlegung damit, dass die Verbindungen
mit *sein* nicht als Zusammensetzungen zu betrachten sind:

*an sein, auf sein, aus sein, außerstande sein, beieinander sein, bei-
sammen sein, da sein, dabei sein, drauf sein, drin sein, durch sein,*

fertig sein, her sein, heran sein, heraus sein, herum sein, hier sein,
hin sein, hinaus sein, hinterher sein, hinüber sein, imstande sein, um
sein, vorbei sein, zu sein, zumute sein, zurück sein, zusammen sein.
(Aber als Substantive natürlich weiterhin: *das Dasein, das*
Dabeisein usw.)

außerstande, imstande, zumute können Sie auch als Wortgruppen behandeln. Daraus ergeben sich die alternativen
Schreibungen:
außer Stande sein, im Stande sein, zu Mute sein.

Diese Regelung ist so klar und einfach, dass Sie sie eigentlich
gar nicht einüben müssen. Dennoch einige Übungssätze, damit
Sie sich leichter daran gewöhnen. Setzen Sie dazu die hervorgehobenen Ausdrücke in die Lücken ein!

[12]
Aufgabe

Ich glaube nicht, dass ich bei Sonnenaufgang schon **auf bin.**
Du solltest aber .... Der Anblick lohnt sich.

Ich weiß, wie dir **zumute ist.**
Ach was, wie soll mir schon .... Es ist ja gar
nichts passiert.

Du **bist** so selten wirklich **zufrieden.**
Wie kann ich .... , wenn doch ständig
etwas schiefgeht?

Dieses fröhliche **Beisammensein** sollten wir bald wiederholen.
Wir sollten bald wieder einmal so fröhlich ....

Wann **bist** du wieder **zurück?**
Ich werde gegen 18 Uhr ....

Du weißt genau, 1000 Euro **sind** da nicht **drin.**
Aber 900 sollten schon ....

Heute **bin** ich so richtig gut **drauf.**
Wie sollte einer da nicht so richtig gut .... ,
wenn er Lottomillionär geworden ist?

Der Motor **ist** wohl **hinüber.**
Wie kann der denn .... ? Er ist doch erst zwei
Jahre alt.

Natürlich **warst** du zur ausgemachten Zeit wieder nicht **da.**
Das stimmt nicht! Ich bin pünktlich ....

14. Verbindungen aus Adjektiv/Partizip und Adjektiv/Adjektiv

*Werden Adjektive und Partizipien oder zwei Adjektive miteinander
verbunden, dann werden diese Verbindungen im Allgemeinen getrennt
geschrieben, wenn*
a) der erste Bestandteil ein Partizip und der zweite ein Adjektiv ist,
*b) der erste Bestandteil kein einfaches, sondern ein abgeleitetes
Adjektiv ist,*
c) der erste Bestandteil gesteigert oder erweitert ist,
*d) der zweite Bestandteil ein Partizip ist und eine getrennt geschrie-
bene Verbform zugrunde gelegt werden kann.*

Zu a:
In Fällen wie *abschreckend hässlich* oder *gestochen scharf*
war die Neigung zum Zusammenschreiben wohl nicht allzu sehr
verbreitet. Aber bei den folgenden Verbindungen hat dies

anders ausgesehen, vor allem wenn wir sie als Attribute gebraucht haben:

blendend weiß, brütend heiß, drückend heiß, glänzend schwarz, glühend heiß, kochend heiß, leuchtend blau/gelb/rot, siedend heiß, strahlend hell.

Zu b:
Auch bei Bezeichnungen für Farbnuancen, aber nicht nur bei diesen, hatte sich eine starke Neigung zur Zusammenschreibung entwickelt. Sofern dabei Ableitungen wie *bläulich* (von *blau*) oder *eisig* (von *Eis*) im Spiele sind, schreibt man die Verbindungen in der Regel getrennt:

bläulich grün, bräunlich gelb, eisig kalt, gelblich grün, grünlich gelb, herbstlich gelb, länglich rund, mikroskopisch klein, riesig groß, rosig weiß, rötlich braun, schmutzig grau.

Weiterhin zusammengeschrieben werden beispielsweise *blaugrau, gelbbraun, grünblau* oder *purpurrot*, da in diesen Zusammensetzungen keine Ableitungen auftauchen.

Zu c:
Ist der erste Bestandteil gesteigert (wie bei *schwerer verständlich, schlechter gelaunt*) oder erweitert *(sehr schwer verständlich, besonders schlecht gelaunt)*, wurde auch bisher überwiegend getrennt geschrieben. Hier hat sich nichts geändert.

Zu d:
Zu einer ganzen Reihe der folgenden Beispiele gibt es auch Infinitivformen *(blond gefärbt – blond färben)*.

Es gilt die Regel, dass sich die Schreibung der Partizip-Perfekt-Formen nach dem Infinitiv richtet. Beispiele wie *übel gelaunt*, zu dem ja kein *übel launen* existiert, werden analog zur Hauptmasse der Verbindungen behandelt. Das trägt zur Vereinheitlichung bei, was Ihnen wiederum das Schreibgeschäft erleichtert.

blank poliert, blond gefärbt, braun gebrannt, breit gefächert, dünn besiedelt, eng befreundet / bedruckt, ernst gemeint, fest angestellt, froh gelaunt, früh verstorben, genau genommen, grau gestreift, gut bezahlt / gelaunt / gemeint / unterrichtet, hart gekocht, heiß begehrt / geliebt / umkämpft, klein gedruckt, lang gestreckt, nass geschwitzt, neu eröffnet, oben erwähnt, reich geschmückt / verziert, rot gestreift, schlecht gelaunt, tief bewegt / empfunden / verschneit, treu ergeben, übel gelaunt, viel befahren / gelesen, weich gekocht, weiß gekleidet, weit gereist / verbreitet.

Getrennt zu schreiben sind auch *selbst ernannt, selbst gebacken, selbst gemacht* und *selbst gestrickt: ein selbst ernannter Experte, ein selbst gebackener Kuchen, eine selbst gemachte Marmelade, ein selbst gestricktes Konzept.*
Dagegen aber: *selbstbewusst – Sie ist eine selbstbewusste Frau.*

[!] Für alle unter Punkt c beschriebenen Fälle gilt die ergänzende Regel, dass Zusammenschreibung bei Verwendung als Attribut zulässig ist, wenn Sie die Verbindung als Einheit ansehen:
eine blank polierte, auch: *blankpolierte Oberfläche;*
ein gut bezahlter, auch: *gutbezahlter Job;*
ein selbst genähtes, auch: *selbstgenähtes Kleid.*

Nicht jede Verbindung von Adjektiv und Partizip wird getrennt geschrieben. Auch hier richtet sich die Schreibung nach dem Infinitiv: **klein drucken** und deshalb **klein gedruckt** (auch: **kleingedruckt**), aber **kleinschreiben** (mit kleinem Buchstaben schreiben) und deshalb nur: **kleingeschrieben.**

Unter welchen Bedingungen Adjektiv und Verb zusammengeschrieben werden, finden Sie im Abschnitt 10 ausführlicher behandelt.

 Achten Sie darauf, dass alle Verbindungen mit *allzu* und *ebenso/genauso* getrennt zu schreiben sind:
allzu bald/gern/früh/lange/oft/sehr/viel/weit;
ebenso gut/sehr/viel/wenig, genauso gut/viel/wenig.

Und noch ein Hinweis:
In Analogie zu *so viele/wenige, wie viele/wenige* und *zu viele/wenige* werden jetzt auch *so viel/wenig, wie viel/wenig* und *zu viel/wenig* konsequent getrennt geschrieben. Das gilt auch für
so weit:
So viel Aufwand für so wenige Leute!
Du erhältst davon so viele du willst.
Wie viel wirst du wohl für den alten Tisch bekommen?
Ich kann das so wenig begreifen wie du.
Aus so vielen Kirschen bekommen wir so wenig Kirschwasser?!
Es ist besser, viel zu viele Beispiele zu bringen als viel zu wenige.
Du solltest das Manuskript so weit wie möglich korrigieren.
Es ist so weit: Du kannst reinkommen.

Natürlich gilt das nicht für die Konjunktionen *soviel* und *soweit*, die wie bisher zusammengeschrieben werden:
Er wird, soviel ich gehört habe, erst nächste Woche kommen.
Soweit ich das beurteilen kann, geht es ihr gut.

---

§

Übrigens: Verbindungen mit irgend- werden jetzt grundsätzlich zusammengeschrieben.

Wie früher schon beispielsweise *irgendwer* oder *irgendwann* werden jetzt alle Verbindungen mit *irgend-* als Zusammensetzungen betrachtet und deshalb auch zusammengeschrieben. Damit sind Zweifelsfälle und Unsicherheiten ausgeräumt: *irgendein, irgendeine, irgendeinmal, irgendetwas, irgendjemand, irgendwann, irgendwas, irgendwelcher, irgendwer, irgendwie, irgendwo, irgendwohin.*

[!] Ausgenommen von der Regel sind Fälle, in denen der zweite Bestandteil erweitert ist:
irgend so ein / eine / einer, irgend so etwas.

[>] Zu *Rat suchend / ratsuchend* finden Sie Näheres im Abschnitt 7, zu *kennen gelernt / kennengelernt* im Abschnitt 8 und zu *gefangen genommen / gefangengenommen* im Abschnitt 9.

Sie werden schnell feststellen, dass bei den folgenden Beispielen die Ausgangssätze und die Zielsätze manchmal im Aufbau und der Bedeutung leicht voneinander abweichen. Das macht aber nichts – Hauptsache, Sie finden immer einen Weg, die hervorgehobenen Ausdrücke so umzuformen, dass Sie als Ergebnis eine Verbindung von Partizip und Adjektiv oder von Adjektiv und Partizip bekommen.

[13]
Aufgabe

Dieses Waschpulver macht Ihre Wäsche so **weiß**, dass sie **blendet.**
Dieses Waschpulver macht Ihre Wäsche ....

Du kannst mir glauben: **Blond** hat er sein Haar **gefärbt**!
Du kannst mir glauben: Er läuft mit .... Haar herum.

Ihr Vater **verstarb** so **früh,** dass sie ihn kaum kennengelernt
hat.
Ihren .... Vater hat sie kaum kennengelernt.

Man **stellt** sie als Mitarbeiterin **fest ein,** da sie für das Unter-
nehmen von großem Wert ist.
Als .... Mitarbeiterin ist sie für das
Unternehmen von großem Wert.

Ich **koche** die Eier **weich.** So mag ich sie am liebsten.
Am liebsten mag ich .... Eier.

Das **schmutzige Grau** der Wolken bedrückte sein Gemüt.
Die .... Wolken bedrückten sein Gemüt.

Sie nehmen zum Würzen Pfeffer, den Sie **grob mahlen** müssen.
Sie nehmen zum Würzen .... Pfeffer.

Die Luft, die so **heiß** ist, dass sie zu **kochen** scheint, bewegt
sich nicht.
Die .... Luft bewegt sich nicht.

Oben habe ich das Faktum schon **erwähnt** und gehe deshalb
nicht mehr darauf ein.
Auf das schon .... Faktum gehe ich nicht
mehr ein.

Die **grauen** Augen mit ihrem Stich ins **Bläuliche** waren
faszinierend.
Die .... Augen waren faszinierend.

Sie hat sich ein Kleid mit **roten Streifen** gekauft.

Sie hat sich ein .... Kleid gekauft.

Der Stoff, eine Mischung aus **Blau** und **Grau,** stand ihr wunderbar.

Der .... Stoff stand ihr wunderbar.

Er **meint** es mit seinen Ratschlägen immer **gut.**

Er gibt immer .... Ratschläge.

Im Anhang finden Sie Hinweise, wie Sie **Maschine schreiben** können.

[6]
Lösung

Ich **reise** morgen Abend **heim.**

Die **Papier verarbeitende/papierverarbeitende** Industrie verbraucht viel Wasser.

Wie der Sonnenkönig **Hof gehalten** hat, war außerordentlich kostspielig.

Die Bevölkerung sollte **Maß halten/maßhalten.**

Die **milieubedingte** Kriminalität kann nur schwer bekämpft werden.

Er konnte an der Veranstaltung nicht **teilnehmen.**

Unser Unternehmen **leistet Gewähr für/gewährleistet** einen hohen Standard.

Auf Seen und Flüssen **eiszulaufen,** ist ein beliebter Zeitvertreib bei Jung und Alt.

Wir werden unsere Ansprüche nicht **preisgeben.**

Sie sollten einmal mit unserem neuen Modell **Probe fahren.**

Auf der ganzen Welt trifft man **Englisch sprechende/englischsprechende** Touristen.

Wenn Sie an diesem Kurs **teilnehmen,** werden Sie perfekt **Klavier spielen.**

Er verließ den Saal, indem er **hohnlachte/Hohn lachte.**

Eine **sagenumwobene** Burg lockt viele Besucher an.

Die Rheintöchter **wehklagten,** was Wotan kalt ließ.

Der Logiker **schlussfolgerte** messerscharf.

Geben wir diesen Grundsatz **preis,** verletzt das unser Rechtsempfinden.

Manche **Krebs erregenden/krebserregenden** Substanzen können sich auch in Lebensmitteln finden.

Sie sollten alle Termine **schießen lassen/schießenlassen** und auf der nächsten Messe unser Spitzenprodukt **kennen lernen/kennenlernen.**

[7]
Lösung

Was doch häufig **haften bleibt/haftenbleibt,** ist der letzte Eindruck.

Wenn Sie **sitzen geblieben/sitzengeblieben** sind, werden Sie unseren Studienkreis **lieben lernen.**

Sie sollten diesen Unfug **bleiben lassen/bleibenlassen!**

Ich will nicht **spazieren fahren** oder **spazieren gehen,** sondern hier **sitzen bleiben.**

So mancher, der nicht auf den Weg achtet, kann im Dreck **stecken bleiben.**

Die meisten Regeln werden **bestehen bleiben,** auch wenn die Rechtschreibung reformiert wird.

Verwenden Sie einen guten Leim, sodass das Plakat problemlos **kleben bleibt.**
Wenn das Vertrauen in Sie **flöten geht,** wird die Ware an Ihnen **hängen bleiben/hängenbleiben.**

Wenn man diese Tiere **gefangen hält,** so muss man auch gut für sie sorgen.
Falls man diese Tiere **gefangen halten** sollte, so muss man auch gut für sie sorgen.
Du solltest dich **zusammennehmen,** damit sie dich nicht **gefangen nehmen.**

Lösung

Wenn wir diese Zahlen **hochrechnen,** werden wir zumindest zu einem vorläufigen Ergebnis gelangen.
Mich von meinen Büchern zu trennen ist mir nicht **leichtgefallen.**
Was kann in einem solchen Fall **näherliegen** als ein Freispruch?
Es wird der hohen Geistlichkeit nichts anderes **übrig bleiben/übrigbleiben,** als den eher aufmüpfigen Mönch **seligzusprechen.**
Wenn man uns den Betrag heute noch **gutschreibt,** wird alles **glattgehen.**
Ihm hat es nicht **offengestanden** zu vermeiden, dass man ihn **bloßgestellt** hat.
Du kannst dich damit **zufriedengeben,** dass ich deinen Lebensunterhalt **sicherstelle.**
Es hat dem Aussteller **ferngelegen,** die Objekte beliebig aneinanderzureihen.

Lösung

Wenn Sie die Eier **hellblau gefärbt** haben, müssen Sie noch alles **sauber machen/saubermachen.**
Wer soll dich **gesund pflegen/gesundpflegen,** wer dir dein Essen **klein schneiden/kleinschneiden,** wenn du nicht mehr kauen kannst?
Weil sie **kahl gefressen/kahlgefressen** wurden, sind schwere Schäden an den Bäumen entstanden.
Er hatte sein Hemd **nass geschwitzt/nassgeschwitzt.**
So ein Nudelauflauf kann viele Gäste **satt machen/sattmachen.**
Man sollte das Seil nicht zu **stramm anziehen.**
Wenn wir stur an den Regeln **festhielten,** konnte sich unsere Lehrerin **totärgern.**

Mit der Firma ist es seit ein paar Jahren nur noch **abwärtsgegangen,** jetzt muss

das Personal **weiter abgebaut** werden.

Lösung

Dass die Familie **zusammenhält,** hilft uns, wenn wir uns mit Problemen **ausei-**

nandersetzen müssen.

Während wir munter **voranschritten,** sahen wir, dass die anderen immer weiter

zurückblieben.

Der Staub wurde **hochgewirbelt,** ein dumpfes Krachen war **vorausgegangen.**

Das Sofa soll noch **dazwischenpassen,** ihr müsst also die Schränke ein Stück

auseinanderschieben.

Wenn Sie die neuen Rechtschreibregelungen **durcheinanderbringen,** könnte

das dazu führen, dass man Ihre Schreibkompetenz **infrage stellt / in Frage stellt.**

Du solltest aber **auf sein.** Der Anblick lohnt sich.

Lösung

Ach was, wie soll mir schon **zumute / zu Mute sein.** Es ist ja gar nichts passiert.

Wie kann ich **zufrieden sein,** wenn doch ständig etwas schiefgeht?

Wir sollten bald wieder einmal so fröhlich **beisammen sein.**

Ich werde gegen 18 Uhr **zurück sein.**

Aber 900 sollten schon **drin sein.**

Wie sollte einer da nicht so richtig gut **drauf sein,** wenn er Lottomillionär

geworden ist?

Wie kann der denn **hinüber sein?** Er ist doch erst zwei Jahre alt.

Das stimmt nicht! Ich bin pünktlich **da gewesen.**

Dieses Waschpulver macht Ihre Wäsche **blendend weiß.**

Du kannst mir glauben: Er läuft mit **blond gefärbtem / blondgefärbtem** Haar

Lösung

herum.

Ihren **früh verstorbenen / frühverstorbenen** Vater hat sie kaum kennengelernt.

Als **fest eingestellte / festeingestellte** Mitarbeiterin ist sie für das Unternehmen

von großem Wert.

Am liebsten mag ich **weich gekochte / weichgekochte** Eier.

Die **schmutzig grauen** Wolken bedrückten sein Gemüt.

Sie nehmen zum Würzen **grob gemahlenen/grobgemahlenen** Pfeffer.

Die **kochend heiße** Luft bewegt sich nicht.

Auf das schon **oben erwähnte/obenerwähnte** Faktum gehe ich nicht mehr ein.

Die **bläulich grauen** Augen waren faszinierend.

Sie hat sich ein **rot gestreiftes/rotgestreiftes** Kleid gekauft.

Der **blaugraue** Stoff stand ihr wunderbar.

Er gibt immer **gut gemeinte/gutgemeinte** Ratschläge.

Getrennt- oder Zusammenschreibung oder beides?

Der rettende Einfall

Irgend wo/Irgendwo .... im drückend heißen/
drückendheißen .... Nordafrika spielte sich einmal die
folgende Aufsehen erregende/aufsehenerregende ....
Geschichte ab:
Eingeborene eines Not leidenden/notleidenden ....
Stammes waren mit einem weit gereisten/weitgereisten
.... Missionar aneinander geraten/aneinandergeraten
.... , der nicht auf seine Wegstrecke Acht
gegeben/achtgegeben .... und unüberlegt Halt ge-
macht/haltgemacht .... hatte. Als der Mann schließlich
gefangen genommen/gefangengenommen ....
worden war, bat er zwar darum, ihn von jeder Schuld frei zu spre-
chen/freizusprechen .... und gehen zu
lassen/gehenzulassen .... , aber die Eingeborenen
wollten ihn unbedingt auf der Stelle töten. Nach einer alten Stammessitte sollte der Gefangene seine Todesart selbst bestimmen, und
zwar dadurch, dass er eine beliebige Behauptung aufstellte. Der Medizinmann erklärte ihm dazu: „Wenn ich deine Behauptung als wahr
anerkenne, dann wirst du mit vergifteten Pfeilspitzen getötet. Betrachte ich sie dagegen als Lüge, so musst du im riesig großen/rie-
siggroßen .... Feuer zu Grunde gehen/zugrunde
gehen/zugrundegehen .... Dein Leben wird
also in jedem Fall bald vorbei sein/vorbeisein ....“
Der Missionar überlegte, nachdem man ihn mit diesen Bedingungen
bekannt gemacht/bekanntgemacht .... hatte, wie er
die Eingeborenen wohl irre führen/irreführen ....
könnte. Es dauerte nicht allzu lange/allzulange .... , da
kam ihm, dem noch niemand etwas zu Leide getan/zuleide
getan/zuleidegetan .... hatte, der vielleicht rettende
Einfall: Er Schluss folgerte/schlussfolgerte .... , dass

er seine Antwort so geschickt formulieren müsste, dass es den
Wilden schwer fallen/schwerfallen .... würde, ihn umzubringen. Kurz darauf stellte er den Stammesangehörigen gegenüber die ernst gemeinte/ernstgemeinte .... Behauptung auf: „Ihr werdet mich verbrennen."
Jetzt wussten die Eingeborenen nicht mehr, was sie tun sollten. Denn
wenn sie den Missionar wirklich verbrennen würden, so hätte er
tatsächlich die Wahrheit gesagt. Also müssten sie ihn mit vergifteten
Pfeilen töten – aber dann hätte der Missionar gelogen. Somit müsste er doch wiederum den Flammen anheim fallen/anheimfallen

.... So ging es immer weiter, und die Stammesältesten kamen trotz nächtelanger angeregter Diskussionen nicht mehr
zu einer Bahn brechenden/bahnbrechenden ....
Erkenntnis.
So viel/Soviel .... ich weiß, haben die Eingeborenen den
Missionar irgend wann/irgendwann .... tatsächlich
laufen lassen/laufenlassen .... , sodass er wieder
Heim reisen/heimreisen .... konnte. Er wird sich aber
gewiss vorgenommen haben, nie mehr in den afrikanischen Busch
zu reisen.

→ C. Schreibung mit Bindestrich

Wenn Sie zu denjenigen gehören, die ohnehin gerne Bindestriche verwenden, dann werden Ihnen die Neuregelungen sehr entgegenkommen. Falls Sie jedoch bisher nicht unbedingt zu dieser Gruppe zählten, könnten Sie sich überlegen, ob Sie jetzt nicht vermehrt Gebrauch vom Bindestrich machen wollen.

Der Bindestrich ist nämlich ein außerordentlich flexibles Mittel, um bei mehrgliedrigen Zusammensetzungen den Wortaufbau durchsichtiger zu machen. Auf diese Weise können Sie einzelne Wortbestandteile hervorheben. Vor allen Dingen können Sie unübersichtliche Zusammenschreibungen gliedern. Das ist sehr lesefreundlich, denn Sie erleichtern damit dem Leser den Überblick und geben ihm Verständnishilfen. Vor unnötigen Bindestrichen wie **Stamm-Tisch** oder **Haus-Tür** sollten Sie sich allerdings hüten, sie sind nämlich eher verwirrend als hilfreich.

Die Veränderungen, die den Gebrauch des Bindestrichs betreffen, zielen zum einen auf Vereinheitlichung; hier sind einige Festsetzungen getroffen worden, die verpflichtend sind. Zum andern räumen sie Ihnen als Schreibendem mehr Spielraum ein. Sie sollen also nicht gegängelt werden, sondern selbst entscheiden, ob Sie den Bindestrich verwenden wollen oder nicht. Wie gesagt, Lesefreundlichkeit und Verständnishilfe sind gute Gründe dafür.

Da die Regeländerungen in diesem Rechtschreibbereich sehr überschaubar und teilweise fakultativ sind, finden Sie zur Schreibung mit Bindestrich keine Anwendungsübungen, sondern nur den abschließenden Test.

15. Obligatorischer Bindestrich bei Ziffern in Zusammensetzungen

§

In Zusammensetzungen werden Zahlen, die in Ziffern geschrieben sind, mit einem Bindestrich vom Rest des Wortes abgehoben.

der 8-Achser, das 5-Eck, der 16-Ender, der 6-Heber, 6-hebig, 2-/3-/4-jährig, der/die 2-/3-/4-Jährige, ein 2-/3-/4-Jähriger kann das noch nicht verstehen, der 2-/3-/4-Karäter, 2-/3-/4-karätig, 2-/3-/4-mal, 2/3-Mehrheit, 2-/3-/4-monatig, 2-/3-/4-monatlich, die 0:1-Niederlage, der 2-Pfünder, 100-prozentig, 1000-seitig, der 2:1-Sieg, der 3-Silber, 3-silbig, 2-/3-/4-stündig, 2-/3-/4-stündlich, 2-/3-/4-tägig, 3/4-Takt, der 26-Tonner, 2-/3-/4-zeilig, 4-Zylinder.

Diese Regelung bedeutet eine Vereinheitlichung im Bindestrichgebrauch, da die Schreibung dieses Typs von Zusammensetzungen an die Schreibung von Zusammensetzungen mit Einzelbuchstaben, Abkürzungen oder Initialwörtern angeglichen wird:
A-Dur, i-Punkt, S-Kurve, T-Träger, x-beliebig, Zungenspitzen-r, Fugen-s, dpa-Meldung, D-Zug, VIP-Lounge, Fußball-WM, UV-bestrahlt, Dipl.-Ing., Tgb.-Nr.

 Wird eine Ziffer mit einer Nachsilbe verbunden, dann steht in der Regel kein Bindestrich:

Der gehört noch zur Generation der 68er.

Gib mir davon ein 100stel.

Das ist 100%ig richtig.

Ich brauche einen 15er (Schraubenschlüssel).

In diesen Fernseher passt eine 61er (Bildröhre).

Sind Ziffer und Nachsilbe wiederum Bestandteil einer Zusammensetzung, steht jedoch zwischen Nachsilbe und Grundwort der
Bindestrich:
**die 68er-Generation, ein 15er-Schlüssel, eine 61er-Bildröhre,
in den 20er-Jahren, eine 20er-Gruppe.**

 Verbindungen mit der Nachsilbe *-fach* können Sie mit Bindestrich oder zusammenschreiben:
10fach, das 10fache oder *10-fach, das 10-Fache.*

Verbindungen mit *Jahr* können Sie mit Bindestrich oder
getrennt schreiben: *in den 20er Jahren, in den 90er Jahren* anstatt
in den 20er-Jahren, in den 90er-Jahren.

Ähnlich verhält es sich in den Zusammensetzungen mit *Jahr,*
die konsequent in Buchstaben geschrieben werden.
In Zusammenschreibung: *in den Zwanzigerjahren, die Neun-
zigerjahre;* in ebenfalls möglicher Getrenntschreibung:
in den zwanziger Jahren, die neunziger Jahre.
Sie können zwischen diesen Varianten im Übrigen frei
wählen, brauchen also nicht mehr zu überlegen, ob es sich
um eine Epochenangabe oder eine Altersangabe handelt.

Noch einige Spezialfälle:
Der Bindestrich bleibt erhalten bei Ableitungen von Verbindungen mit einem Eigennamen als zweitem Bestandteil:
alt-wienerische Kaffeehäuser, Alt-Wiener Kaffeehäuser.
Der Bindestrich wird gesetzt bei Ableitungen von mehrteiligen
Eigennamen: *basel-städtisch,* aus *Basel Stadt; sankt-gallisch,*
aus *Sankt Gallen.* Bei Ableitungen auf *-er* kann der Bindestrich
aber auch weggelassen werden: *die Basel-Städter* oder *die Basel
Städter, die Sankt-Galler* oder *die Sankt Galler, die New-Yorker*
oder *die New Yorker.*

16. Fakultativer Bindestrich bei mehrgliedrigen Zusammensetzungen

§

*Sollen einzelne Bestandteile einer Zusammensetzung
hervorgehoben werden oder soll eine unübersichtliche
Zusammensetzung deutlicher gegliedert werden,
dann können Sie einen Bindestrich setzen.*

Diese Regel ist keine Vorschrift, der Sie mechanisch folgen
müssten, sondern sie eröffnet Ihnen Entscheidungs- und Er-
messensspielräume. Wie Sie diese nutzen wollen, entscheiden
Sie selbst. Dazu drei Ratschläge:

a) Sie können den Bindestrich benutzen, um einen Wortbestand-
teil besonders hervorzuheben. Der Bindestrich wirkt als eine
Art geistiger Stolperstein, mit dem Sie die Aufmerksamkeit des
Lesers wecken:
Seine Ich-Sucht ist kaum noch zu ertragen.
Achten Sie auf dass-Sätze!
Das ist nicht einfach eine Erzählung, sondern eine Ich-Erzählung.
*Wir sollten sorgfältig zwischen Ist-Stärke und Soll-Stärke unter-
scheiden.*
Das ist kein Fall für rasches Handeln, sondern zum Nach-Denken.
*Denn es geht zuerst einmal darum, dass wir be-greifen, was da ge-
schehen ist.*

b) Setzen Sie den Bindestrich gezielt ein, um Wortungetüme
übersichtlicher zu gliedern oder um die Haupttrennfuge anzu-
zeigen. Ihre Leser werden es Ihnen danken!

Arbeiter-Unfallversicherungsgesetz, die deutsch-französische Freund-
schaft, Haupt-Baugewerbe, Lotto-Annahmestelle, Mosel-Winzergenos-
senschaft, die schwarz-rot-goldene Fahne, Software-Preisliste,
Ultraschall-Messgerät, der wirtschaftlich-militärische Komplex.

c) Lese- und Verständnishilfe leistet der Bindestrich auch in den
   folgenden Beispielen, die zusammengeschrieben leicht missver-
   standen werden können:
   Drucker-Zeugnis oder *Druck-Erzeugnis* statt *Druckerzeugnis;*
   Musiker-Leben oder *Musik-Erleben* statt *Musikerleben;*
   re-integrieren statt *reintegrieren* (wegen falsch lesbarem
   Wortanfang *rein-tegrieren*);
   Blumentopf-Erde statt *Blumentopferde* (wegen der berühmten
   Blumento-Pferde).

 Achtung! Wenn Sie den Bindestrich benutzen, dann ist in
vielen Fällen der abgetrennte Wortteil großzuschreiben. Dies
gilt nicht nur dann, wenn es sich dabei ohnehin um ein Substantiv handelt (*Arbeiter-Unfallversicherungsgesetz* zu *Arbeiterun-*
fallversicherungsgesetz), sondern auch für den Fall, dass ein
nicht substantivisches Wort am Beginn einer Fügung steht, die
als Ganzes hauptwörtlich gebraucht wird: *Ich-Sucht* zu *Ichsucht,*
beim Nach-Denken zu *beim Nachdenken, Soll-Stärke* zu *Sollstärke.*

Davon zu unterscheiden ist der Bindestrichgebrauch in nicht
substantivischen Zusammensetzungen: *be-greifen* zu *begreifen,*
schwarz-rot-golden zu *schwarzrotgolden.*

Ein Sonderfall liegt beim *dass-Satz* (neu auch möglich:
Dasssatz) vor: Durch die Kleinschreibung der Konjunktion
bleibt weiterhin erkennbar, dass eine bestimmte Wortform
zitiert wird.

17. Fakultativer Bindestrich beim Zusammentreffen dreier gleicher Buchstaben

Treffen drei gleiche Vokal- oder Konsonantbuchstaben auf-
einander, so kann zwischen dem zweiten und dritten Buchstaben
ein Bindestrich stehen.

§

Vielleicht haben Sie sich schon mit dem Abschnitt 4 beschäftigt. Dann wissen Sie auch, dass beim Aufeinandertreffen dreier
gleicher Buchstaben uneingeschränkt alle drei geschrieben
werden müssen. Das ergibt ein Schriftbild, das nicht nur gewöhnungsbedürftig ist, sondern auch unübersichtlich wirken kann,
wie zum Beispiel bei *Kunststofffolie* oder *Metalllegierung*. Um in
diesen Fällen mehr Übersichtlichkeit zu schaffen, können Sie
grundsätzlich auch den Bindestrich verwenden:
Kunststoff-Folie, Metall-Legierung.

Diese Lösung ist nicht ganz neu, denn den Bindestrich hat man
früher schon verwendet, wenn drei Vokalbuchstaben in Sub-
stantiven aufeinandertrafen:
Armee-Einheit, Hawaii-Inseln, Kaffee-Ernte, Kaffee-Ersatz,
Klee-Einsaat, Klee-Ernte, Schnee-Eifel, Schnee-Eule, See-Elefant,
Tee-Ei, Tee-Ernte, Zoo-Orchester.

Im Prinzip hat sich also nichts geändert. Sie sollten jedoch im
Hinterkopf behalten, dass jetzt auch die Schreibungen *Kaffee-*
ernte oder *Zooorchester* korrekt sind.

Sie haben den Bindestrich vielleicht auch in den Fällen be-
nutzt, in denen schon immer drei Konsonantbuchstaben

geschrieben werden mussten, beispielsweise bei *Ballett-Truppe* oder bei *Sauerstoff-Flasche.* Dann brauchen Sie diese Praxis nur auf die neu hinzugekommenen Fälle von Dreifachschreibung auszudehnen:

Ballett-Tänzerin, Ball-Lokal, Bass-Sänger, Bestell-Liste, Bett-Tuch, Bitt-Tag, Brenn-Nessel, Delikatess-Senf, Einschuss-Stelle, Fall-Linie, Fluss-Sand, Fluss-Schifffahrt, Fluss-Spat, Fress-Sack, Fußball-Länderspiel, Geschirr-Reiniger, Gewinn-Nummer, Haselnuss-Strauch, Imbiss-Stand, Kamm-Macher, Kämm-Maschine, Kamm-Muschel, Kenn-Nummer, Klemm-Mappe, Kommiss-Stiefel, Kongress-Saal, Kongress-Stadt, Kontroll-Lampe, Kontroll-Liste, Krepp-Papier, Kristall-Lüster, Kunststoff-Folie, Mess-Stab, Metall-Legierung, Mull-Läppchen, Nass-Schnee, Null-Lage, Null-Leiter, Null-Lösung, Nuss-Schale, Nuss-Schinken, Nuss-Schokolade, Nuss-Strudel, Pass-Stelle, Pass-Straße, Press-Sack, Press-Schlag, Press-Span, Programm-Musik, Ramm-Maschine, Reißverschluss-System, Roll-Laden, Schall-Lehre, Schall-Loch, Schiff-Fahrt, Schlamm-Masse, Schluss-Satz, Schluss-Spurt, Schluss-Strich, Schnell-Läufer, Schritt-Tempo, Schuss-Schwäche, Schwimm-Meister, Sperr-Rad, Sperr-Riegel, Stall-Laterne, Stamm-Mutter, Stemm-Meißel, Still-Leben, Stoff-Farbe, Stoff-Fetzen, Stoff-Fülle, Stress-Situation, Tuff-Felsen, Verschluss-Sache, Werkstatt-Tage, Werkstoff-Forschung, Wett-Teufel, Wett-Turnen, Woll-Lappen, Woll-Laus, Zell-Lehre, Zellstoff-Fabrik.

Vermeiden sollten Sie aber Bindestriche, die sich lesehemmend auswirken können: *Flussschiff-Fahrt, Schiff-Fahrtslinie.*

 Wenn Sie die Zusammensetzung *Dasssatz* mit Bindestrich schreiben wollen, dann müssen sie klein beginnen: *der dass-Satz.*

18. Die Angleichung englischer Wörter

Besteht bei mehrgliedrigen Wörtern, die aus dem Englischen entlehnt sind, die Gefahr der Unübersichtlichkeit, so kann – wie bei deutschen Wörtern – der Bindestrich verwendet werden.

§

In neuer Rechtschreibung sind die aus dem Englischen entlehnten mehrteiligen Wörter grundsätzlich wie die deutschen zusammenzuschreiben. Das bedeutet eine Anpassung der gebräuchlichen englischsprachigen Wortverbindungen an die deutsche Schreibung und stellt somit einen Schritt in Richtung Vereinheitlichung und Vereinfachung dar. Der Bindestrich kann vor allem in gliedernder Funktion eingesetzt werden. So ist zum Beispiel *Desktop-Publishing* übersichtlicher und damit leserfreundlicher als *Desktoppublishing*. Er erlaubt in Fällen wie *Moto-Cross* aber auch, die bisherige Schreibweise beizubehalten, sodass kein radikaler Bruch mit der Schreibtradition entsteht, und bei Zusammensetzungen aus Verb und Präposition oder Adverb können auch (frühere) englische Schreibweisen beibehalten werden:
Actionpainting, auch *Action-Painting; Assessmentcenter,* auch *Assessment-Center; Black-out,* auch *Blackout; Break-down,* auch *Breakdown; Centrecourt,* auch *Centre-Court; Come-back,* auch *Comeback; Count-down,* auch *Countdown; Desktoppublishing,* auch *Desktop-Publishing; Fall-out,* auch *Fallout; Feed-back,* auch *Feedback; Hand-out,* auch *Handout; Homebanking,* auch *Home-Banking; Knock-out,* auch *Knockout; Lay-out,* auch *Layout; Midlifecrisis,* auch *Midlife-Crisis; Motocross,* auch *Moto-Cross; Play-back,* auch *Playback; Sciencefiction,* auch *Science-Fiction; Sexappeal,* auch *Sex-Appeal; Show-down,* auch *Showdown; Tiebreak,* auch *Tie-Break.*

Sollten Sie sich also für eine Schreibung mit Bindestrich entscheiden, müssen Sie darauf achten, ob es sich beim zweiten Bestandteil der Fügung um ein Substantiv/eine Substantivierung handelt, die dann großzuschreiben ist, also: *Midlife-Crisis* und *Air-Conditioning*, aber *Black-out*.

Das zuvor Gesagte gilt auch, wenn Entlehnungen aus dem Englischen mit deutschen Wörtern zusammengesetzt werden, zum Beispiel: *Jobvermittlung*, auch *Job-Vermittlung*; *Play-back-Verfahren*, auch *Playbackverfahren*; *Tiebreaksieg*, auch *Tie-Break-Sieg*.

 In Fällen, in denen der erste Bestandteil kein selbstständiges Wort ist, sind die Schreibungen mit Bindestrich abgeschafft worden, was aber nicht nur Wörter betrifft, die aus dem Englischen entlehnt sind. Betroffen sind beispielsweise: **afroamerikanisch, afroasiatisch, Afrolook, Angloamerikaner.**

 Auch zahlreiche englischsprachige Verbindungen aus Adjektiv oder Partizip und Substantiv wurden früher rechtschreiblich unterschiedlich behandelt: *Big Band, Happy-End, Small talk.* Diese Fügungen werden neu in der Regel getrennt geschrieben, sofern sie nicht schon ausschließlich in Zusammenschreibung (wie *Hardware, Software*) gebräuchlich sind.

Eine Zusammenschreibung ist auch dann möglich, wenn der Hauptakzent auf dem ersten Bestandteil liegt.

Es werden allerdings immer beide Bestandteile großgeschrieben: *Black Box*, auch *Blackbox*; *Common Sense*, auch *Commonsense*; *Corned Beef*, auch *Cornedbeef*; *Fast Food*, auch *Fastfood*;

Free Climbing, auch *Freeclimbing; Happy End,* auch *Happyend; Hot Dog,* auch *Hotdog; Short Story,* auch *Shortstory; Small Talk,* auch *Smalltalk; Soft Drink,* auch *Softdrink.*

Aber nur: *New Age, Joint Venture, Standing Ovations.*

 Noch mehr zur Schreibung mehrteiliger Fügungen erfahren Sie in Abschnitt 31.

Test

Markieren Sie zunächst alle Stellen im folgenden Text, an denen Sie einen Bindestrich setzen wollen. Tragen Sie anschließend jedes mit Bindestrich zu schreibende Wort in die dafür vorgesehene Leerzeile ein.

Wie sie wissen, ist der Bindestrich vielfach fakultativ. Deshalb ist die Wahrscheinlichkeit groß, dass Ihre Lösung von der Auflösung im Anhang abweicht. Sie sollten aber darauf achten, dass Sie in einigen Fällen einen Bindestrich setzen *müssen*, wohingegen in anderen keiner stehen darf. Bedenken Sie bitte weiterhin, dass alle durch einen Bindestrich abgetrennten substantivischen Bestandteile einer Zusammensetzung großzuschreiben sind.

1   Mit einem 100prozentigen Einsatz aller Ressourcen kann die neue
2   Kaffeeernte auf das große Flussschiff bis zum Abend verladen sein.
3   Dazu muss nur der 26tonner flottgemacht werden. Allerdings fehlt
4   zu seiner Reparatur ein 15erschlüssel, aber so ein 15er wird irgend-
5   wo aufzutreiben sein. In den Zwanzigerjahren wäre das ein wirkliches
6   Problem gewesen, doch heute hat man per Funkrundruf schnell
7   heraus, wer über so ein Werkzeug verfügt. Dann braucht man kein
8   Schnellläufer zu sein, um ihn herbeizuholen, denn der Hubschrau-
9   bernotdienst springt da gerne ein.

10 Doch dann beginnt eine wirkliche Stresssituation. Wenn nämlich der
11 Lastwagen am Pier angelangt ist, müssen die Träger in zwei Reihen
12 die Säcke im Reißverschlusssystem aufs Schiff schleppen, und der
13 Verlademeister muss mit den Kontrolllisten aufpassen, denn die
14 Istzahl der Säcke muss schließlich mit der Sollzahl übereinstimmen.
15 Wenn er 100%ig richtig zählt, erhält er eine Prämie. Zuerst geht das
16 Verladen im Schritttempo, dann aber wird zum Schlussspurt
17 angesetzt. Das Ganze ist kein Wettturnen, sondern ein Vollzeitjob,
18 bei dem man keinen Blackout haben darf.

1	....	10	....
2	....	11	....
3	....	12	....
4	....	13	....
5	....	14	....
6	....	15	....
7	....	16	....
8	....	17	....
9	....	18	....

→ # D. Groß- und Kleinschreibung

Im Deutschen schreiben wir nicht nur die Eigennamen und die Satzanfänge groß, sondern auch die Substantive. An dieser Besonderheit ändert die Neuregelung der deutschen Rechtschreibung nichts. Sie können und müssen also weiterhin alle Substantive großschreiben.

So weit, so gut. Der Teufel steckt aber bekanntlich im Detail, und genau da gab es früher jede Menge Ungereimtheiten und Widersprüche: Warum sollte man beispielsweise *in bezug auf*, aber *mit Bezug auf* schreiben? Warum *angst machen*, aber *Angst haben*? Warum *heute mittag*, obwohl *Mittag* eindeutig ein Substantiv ist?

Für diese und eine Reihe anderer Schwierigkeiten bietet Ihnen die Neuregelung Lösungen an, die Ihnen das Schreiben erheblich erleichtern werden. Denn Sie können sich nun an zwei Faustregeln orientieren.

Die erste Regel, die im Prinzip schon immer galt, lautet: Achten Sie auf die Wortart, denn von der Wortartzugehörigkeit hängt die Groß- oder Kleinschreibung eines Wortes ab. Deshalb schreiben Sie ab sofort *Angst machen* und *heute Mittag* groß (*Angst* und *Mittag* sind Substantive).

Die zweite Regel lautet: Wenn Sie formale Kriterien antreffen, die es erlauben, ein Wort als Substantiv zu behandeln, dann schreiben Sie es groß. Solche formalen Kriterien sind das Vorhandensein von Artikel (*des Näheren*), Präposition (*im Allgemeinen*) oder Kasuszeichen (*Gleiches mit Gleichem vergelten*).

Konsequenterweise wird jetzt beispielsweise auch *des Öfteren,
im Übrigen* oder *im Nachhinein* geschrieben.

Insgesamt erhöht sich die Zahl der großzuschreibenden Wörter leicht. Aber die Vereinfachungen und Erleichterungen sind
diesen Preis allemal wert.

19. Die Schreibung der Anredepronomen

§

Das Anredepronomen Sie *und das entsprechende
Possessivpronomen* Ihr *schreibt man groß.
Die Anredepronomen* du *und* ihr, *die entsprechenden
Possessivpronomen* dein *und* euer *sowie
das Reflexivpronomen* sich *schreibt man klein,
in Briefen können sie aber auch großgeschrieben werden.*

Früher waren *du* und *ihr* in Briefen oder briefähnlichen Texten
großzuschreiben. Was aber ist ein briefähnlicher Text? Gehören
dazu beispielsweise auch die Arbeitsanweisungen in Schul-
büchern? Probleme dieser Art sind durch die Neuregelung erledigt, da eindeutig nur noch von Briefen die Rede ist und man
im Übrigen sowieso immer kleinschreiben darf.

*Wenn Sie mit unserem Vorschlag einverstanden sind, schicken Sie
uns bitte eine kurze Bestätigung.
Heute ist Ihr Vorschlag endlich bei uns eingegangen.
Wenn du willst, zahle ich die Summe bar.
(Im Brief auch: Wenn Du willst …)
Natürlich seid ihr herzlich willkommen!
(Im Brief auch: … seid Ihr …)*

Wie soll das noch werden, wenn euer neues Auto schon jetzt solche
Probleme bereitet?
(Im Brief auch: … *Euer neues Auto* …)
Sobald Sie sich ein wenig eingelebt haben, können wir mit der Arbeit
beginnen.
Solltet ihr euch verfahren, dann ruft einfach unter folgender Nummer
an: … (Im Brief auch: *Solltet Ihr Euch* …)

Vermutlich verwenden Sie Anredeformen mit *-seits* nur selten
oder gar nicht, dennoch der Vollständigkeit halber zwei
Beispiele:
Sie sollten Ihrerseits Vertrauen zu unserer Firma haben.
Bestehen eurerseits noch Fragen?
(Im Brief auch: *Bestehen Eurerseits* …)

Die neue Verteilung von Groß- und Kleinschreibung erstreckt
sich selbstverständlich auch auf die gebeugten Formen, zum
Beispiel:
Ich danke Ihnen für Ihre Hilfsbereitschaft.
Wir erinnern uns Ihres Antrags.
Er gratuliert dir zu deinem Examen.
(Im Brief auch: … *Dir zu Deinem* …)
Sie beglückwünscht euch zu eurem Jubeltag.
(Im Brief auch: … *Euch zu Eurem* …)
Ob deine Eltern dir deinen Wunsch erfüllen werden?
(Im Brief auch: *Ob Deine Eltern Dir Deinen* …)

 Vielleicht verwenden Sie zum Scherz manchmal noch veraltete Anrede-
formen. Diese müssen Sie dann großschreiben:
Peter, was ist Er doch für ein toller Hecht!
Mimi, führe Sie die Gäste herein.
Habt Ihr einen Entschluss gefasst, werter Herr Kollege?

Wer von uns verkehrt schon mit Königinnen oder Königen? Aber vielleicht kommen Sie doch einmal in die Verlegenheit, an einen Botschafter oder universitären Würdenträger zu schreiben. In all diesen Fällen schreiben Sie das Anredepronomen groß:
Seine Majestät, Ihre Majestät, Eure Exzellenz, Eure Magnifizenz, Eure Spektabilität.

Ergänzen Sie die Lücken!

[14]
Aufgabe

Verehrte Frau Meister, lieber Peter,
ich muss es einfach mal aussprechen: Wenn ich an meine Freunde in Heidelberg schreibe, dann habe ich große Probleme mit der Anrede. Peter, da ich __eine liebe Frau noch nicht duze, sehe ich mich gezwungen, zwischen __ie und __u hin- und herzuspringen. Aber wenn ich __ie, verehrte Frau Meister, und __ich, mein Peter, gemeinsam anreden möchte, weiß ich nie, ob ich __ie oder __uch verwenden soll. Denn „__hre Zeilen von __hrer Hochzeitsreise" klingt mir zu distanziert, und bei „__ure Zeilen von __urer Hochzeitsreise" weiß ich nicht, ob __hnen, Frau Meister, das nicht zu plump vorkommt.

Wenn das jetzt ein Fremder lesen könnte, würde der wohl bei sich denken: „Solche Nöte möchte ich haben!" Aber Peter, __u weißt ja, wie pedantisch __ein alter Freund manchmal sein kann. Und __u wirst __ich bestimmt bei __einer Frau dafür verwenden, dass sie mich nicht für zu spinnert hält. Und liebe, verehrte Frau Meister: Darf ich an __ie appellieren, __hr Urteil erst dann endgültig zu fällen, wenn __ie mich ein wenig besser kennengelernt haben?

Für den Augenblick wähle ich folgende Lösung: Wenn ich __uch beide meine, schreibe ich abwechselnd __hr und __ie. Ich hoffe, __uch gefällt diese Lösung. Schreiben __ie mir, was __ie davon halten. Oder noch besser, ich besuche __uch demnächst in __urem neuen Heim, und __ie und ich besprechen das bei einem guten Schoppen. Vielleicht lassen sich die Probleme so am besten lösen.

Bis dahin grüße ich recht herzlich nach Heidelberg als __hr respektive __ein

Heinrich Müller

20. Die Kleinschreibung des Adjektivs in festen Verbindungen mit einem Substantiv

§

In festen Verbindungen, die aus einem Adjektiv und einem Substantiv bestehen, wird das Adjektiv in der Regel kleingeschrieben.
Die Großschreibung ist jedoch zulässig, wenn der Gebrauch als feste Verbindung besonders hervorgehoben werden soll.

Man schreibt also normalerweise:
das autogene Training, der blaue Brief, die goldene Hochzeit, die graue Eminenz, das große Los, die grüne Lunge, die höhere Mathematik, die innere Medizin, der italienische Salat, die künstliche Intelligenz, das olympische Feuer, der schnelle Brüter, hinter schwedischen Gardinen, das schwarze Brett, das schwarze Schaf, die singende Säge, der weiße Tod, das zweite Gesicht.

Zulässig sind aber auch Schreibungen wie:
der Blaue Brief, die Graue Eminenz, die Grüne Lunge, das Schwarze Brett, der Weiße Tod.

Vor allem in manchen Fachsprachen ist die Großschreibung von Adjektiven, die mit einem Substantiv eine feste Verbindung eingehen, üblich:
die Gelbe Karte (im Fußball), *die Kleine Anfrage* (im Bundestag), *der Goldene Schnitt* (in der Mathematik); *die Erste Hilfe.*

 Bildet die feste Verbindung aus Adjektiv und Substantiv einen Eigennamen, so wird das Adjektiv generell großgeschrieben:
der Blaue Planet (die Erde), **das Bibliographische Institut, der Deutsche Bundestag, die Dritte Welt, der Börsenverein des Deutschen Buchhandels, Zum Goldenen Anker, die Kapverdischen Inseln, die Große Mauer** (in China), **das Rote Kreuz, der Schwarze Kontinent, der Stille Ozean, der Trierische Volksfreund, die Vereinten Nationen, das Zweite Deutsche Fernsehen.**

 Obwohl nicht Teil eines Eigennamens, wird das Adjektiv auch in folgenden Fällen großgeschrieben:

- Titel, Ehrenbezeichnungen sowie Amts- und Funktionsbezeichnungen: *Ihre Königliche Hoheit, der Heilige Vater, der Regierende Bürgermeister, der Erste Bürgermeister, der Technische Direktor, der Leitende Bibliotheksdirektor;*
- klassifizierende Bezeichnungen in Botanik und Zoologie: *die Schwarze Witwe, die Gemeine Stubenfliege, der Rote Milan, das Fleißige Lieschen;*
- Kalendertage: *der Heilige Abend, der Weiße Sonntag, der Erste Mai;*
- historische Ereignisse und Epochen: *der Westfälische Frieden, der Deutsch-Französische Krieg 1870/71, der Zweite Weltkrieg, die Ältere und die Jüngere Steinzeit, die Goldenen Zwanziger* (aber: *die Zwanzigerjahre,* auch *die zwanziger Jahre,* siehe auch Abschnitt 15).

 Im Abschnitt 21 finden Sie Hinweise zur Schreibung von Adjektiven, die aus Eigennamen abgeleitet sind.

Groß oder klein?
Ergänzen Sie die fehlenden Buchstaben im folgenden Brief
und verwenden Sie, sooft es zulässig und üblich ist, die normale
Kleinschreibung!

[15]
Aufgabe

Lieber Theodor,
wie du dich sicher erinnerst, haben uns die Enkelkinder zur
__oldenen Hochzeit eine Reise auf die __apverdischen Inseln ge-
schenkt, wo uns Gott sei Dank der __eiße Tod nicht ereilen kann
(bitte entschuldige den Kalauer). Wir sind am __eiligen Abend
losgeflogen, und stell dir vor, wen wir auf dem Flugplatz getroffen
haben, den __echnischen Direktor der XYZ-Werke, von dem du
immer als __rauer Eminenz sprichst (Maria nennt ihn dagegen
einen __chnellen Brüter). Wir fühlen uns hier ausgesprochen
wohl, obwohl uns die __emeine Stubenfliege ganz gemein peinigt.
Maria könnte sich bei der Jagd auf diese Plagegeister glatt das
__elbe Trikot verdienen. Ansonsten gehen wir es gemütlich an,
Maria beschäftigt sich wie schon so oft mit Büchern über die
__ltere Steinzeit, während ich den Geheimnissen des __oldenen
Schnitts bei Dürer nachspüre.
Jetzt noch ein wenig Klatsch. Hast du auch schon gehört, dass der
Meier zum __eitenden __kademischen Direktor ernannt worden
ist? Hatte ich eine Wut! Am liebsten hätte ich dem Wissenschafts-
minister die __ote Karte gezeigt. Wenn ich könnte, würde ich ihn
über die __roße Mauer stürzen oder im __tillen Ozean versenken.
Wer wann befördert wird, das ist wirklich __öhere Mathematik!

Es grüßt dich ganz herzlich dein

Heinrich

PS: Im __euen Jahr werde ich meinen Frust mit __utogenem
Training bekämpfen!

21. Die Kleinschreibung von aus Eigennamen abgeleiteten Adjektiven auf -(i)sch

Werden aus Eigennamen Adjektive mit dem Suffix -(i)sch gebildet, so sind diese kleinzuschreiben. §

Schon früher wurden Adjektive aus Eigennamen + -(i)sch wie *berlinischer Mutterwitz, englischer Stoff, indischer Tee, tschechisches Bier* kleingeschrieben. Speziell bei Ableitungen von Personennamen mussten Sie aber unterscheiden, ob mit der Verbindung von Adjektiv und Substantiv eine persönliche Leistung bezeichnet wurde oder ob es sich um eine sekundäre Benennung handelte, zum Beispiel: *das Ohmsche Gesetz* (das Gesetz, das von Ohm entdeckt wurde), aber *der ohmsche Widerstand* (das Phänomen, das nach Ohm benannt wurde); *die Schillerschen Balladen* (die Balladen, die Schiller gedichtet hat), aber *mit schillerschem Pathos* (mit einem Pathos, das an Schiller erinnert oder von ihm entlehnt ist). Solche Subtilitäten entfallen jetzt:
der archimedische Punkt, die aristotelische Logik, die bismarckschen Sozialgesetze, die darwinsche Lehre, das d'hondtsche System, die faradayschen Gesetze, das foucaultsche Pendel, eine freudsche Fehlleistung, die goetheschen Dramen, die grimmschen Märchen, die haydnschen Sinfonien, die hegelsche/kantische/marxsche Philosophie, die heineschen Reisebilder, die horazischen Satiren, die juvenalischen Satiren, die lessingschen Dramen, die luthersche Bibelübersetzung, die mendelschen Regeln, das ohmsche Gesetz, die pindarischen Verse, das plancksche Strahlungsgesetz, potemkinsche Dörfer, die rubensschen Gemälde, die schillerschen Balladen, die shakespeareschen Sonette, die sophokleischen Tragödien.

Allerdings ist nach den Regeln für feste Verbindungen (vgl. Abschnitt 20) in manchen Fällen die Großschreibung möglich: *das Ohmsche Gesetz, Potemkinsche Dörfer.*

Wenn Sie den Namen einer Person hervorheben wollen, um so das Augenmerk ausdrücklich auf sie zu lenken, dann können Sie generell das Adjektiv großschreiben, sofern Sie die Nachsilbe mit einem Apostroph abtrennen, zum Beispiel:
die Goethe'schen Dramen, die Grimm'schen Märchen, das Ohm'sche Gesetz, Potemkin'sche Dörfer.

 Ableitungen mit anderen Nachsilben werden kleingeschrieben:
mit eulenspiegelhaftem Schalk, eine kafkaeske Stimmung.

Achtung! Ableitungen von geografischen Eigennamen auf *-er* werden auch weiterhin großgeschrieben:
die Berliner Bevölkerung, die Mecklenburger Landschaft, der Schweizer Käse, die Trierer Altstadt.

 Zur Schreibung von Adjektiven auf *-(i)sch*, die wiederum Teile von Eigennamen sind, finden Sie mehr im Abschnitt 20.

Sie bekommen zwei Möglichkeiten angeboten.
Welche Schreibung ist richtig?

Aufgabe

Von A/aristotelischer Logik sind Diskussionen im Alltag selten beseelt, da sie eher Streitereien ähneln als der folgerichtigen Entwicklung von Positionen. Und doch treffen sie hin und wieder den A/archimedischen Punkt. Dies geschieht jedoch nicht immer zur Freude aller Beteiligten. Wer dann allerdings mit dem Hinweis auf eine F/freud'sche Fehlleistung abzuwiegeln versucht, der sollte dies eher mit E/eulenspiegelhaftem Unterton tun als mit K/kafkaesker Gebärde. Sonst wird noch behauptet, er rede S/schweizer Käse. Wer dagegen über L/luther'sche Wortgewalt gebietet, mag seinen Kontrahenten manches verbale P/potemkinsche Dorf präsentieren.

22. Die Großschreibung von Substantiven in festen Gefügen mit Verben

Substantive, die mit Verben ein festes Gefüge bilden, aber mit diesen nicht zusammengeschrieben werden, sind großzuschreiben. §

Wie in Abschnitt 7 beschrieben, werden Verbindungen aus nicht verblasstem Substantiv und Verb in der Regel getrennt geschrieben. Da ist es nur folgerichtig, dass die Substantive großgeschrieben werden:
Auto fahren, Diät leben, Folge leisten, Hof halten, Kegel schieben, Maschine schreiben, Not leiden, Rad fahren, Recht sprechen, Schlange stehen; Angst haben, jemandem Angst und Bange machen, etwas sein Eigen nennen, Ernst machen mit etwas, (keine) Schuld tragen, Wert legen auf etwas.

In einer Reihe von Fügungen bleibt es Ihnen überlassen, ob Sie diese als Wortgruppe oder als Zusammensetzung behandeln wollen. Entscheiden Sie sich für die Wortgruppe, dann ist das darin enthaltene Substantiv großzuschreiben. Sie haben aber auch immer die Alternative der Klein- und Zusammenschreibung:
in Frage stellen, infrage stellen; in Frage kommen, infrage kommen; in Stand halten, instand halten; in Stand setzen, instand setzen; sich etwas zu Nutze machen, sich etwas zunutze machen; zu Rande kommen, zurande kommen; jemanden zu Rate ziehen, jemanden zurate ziehen; sich etwas zu Schulden kommen lassen, sich etwas zuschulden kommen lassen; zu Stande bringen, zustande bringen; zu Stande kommen, zustande kommen; zu Tage fördern, zutage fördern; zu Tage treten, zutage treten; zu Wege bringen, zuwege bringen.

Die Wahl zwischen Groß- und Kleinschreibung hat man bei der Verbindung von *Recht* und *Unrecht* mit den Verben *behalten, bekommen, geben, haben, tun: wir müssen ihr recht/Recht geben; sie hat unrecht/Unrecht behalten.*

 Achtung! In Fügungen mit *sein* oder *werden* sind *angst, bange, ernst, gram, leid, pleite, recht, schuld* und *wert* auch weiterhin kleinzuschreiben, da sie in diesen Fällen als Adjektive gebraucht werden:

Es ist mir sehr recht, wenn sie mich nicht mehr besucht.
Du bist selbst schuld daran, dass du jetzt pleite bist.
Dass ihr so schnell gekommen seid, ist mir viel wert.
Bei diesen Drohungen kann uns angst und bange werden.
Als er über seine Kindheit sprach, wurde er plötzlich ernst.
Ich bin es mittlerweile leid, immer neue Ausreden zu hören.

 Zur Getrenntschreibung von Verbindungen mit *sein* finden Sie im Abschnitt 13 Genaueres.

Was ist richtig? Markieren Sie die korrekte Schreibung!

Auch wenn du behauptest, keine S/schuld zu tragen, bist du doch S/schuld an dieser Katastrophe. Wir müssten keineswegs P/pleite sein, aber du hast schließlich verhindert, dass der rettende Vertrag zu S/stande kommen konnte. Ich bin es L/leid, dass du ständig A/angst davor hast, die nötigen Entscheidungen zu fällen. Mir kannst du in Zukunft mit deinen Bedenken nicht mehr A/angst und B/bange machen, wiewohl einem bei deinen Spinnereien schon A/angst und B/bange werden müsste. Aber du wirst auch nicht mehr von mir erwarten können, dass ich dich weiterhin E/ernst nehme oder dich überhaupt noch zu R/rate ziehe. Und unterstelle mir ja nicht, mir ginge es immer nur darum, R/recht zu behalten. Dir das mit aller Deutlichkeit gesagt zu haben, darauf lege ich ausdrücklich W/wert.

23. Die Großschreibung von Substantiven in festen Gefügen mit Präpositionen

§

Substantive, die mit Präpositionen ein festes Gefüge bilden, aber mit diesen nicht zusammengeschrieben werden, sind großzuschreiben.

Damit ist der Fall *in bezug auf* oder *in Bezug auf* zugunsten der Großschreibung entschieden. Der direkte Vorteil für Sie besteht darin, dass Sie im Zweifelsfall jetzt einfach großschreiben können. Wenn Sie wollen, können Sie sich außerdem noch die Fälle merken, in denen weiterhin Kleinschreibung möglich ist, allerdings gilt dann auch Zusammenschreibung:
auf Abruf; in Bälde; in/mit Bezug auf; im Grunde; auf Grund, auch *aufgrund; zu Grunde gehen,* auch *zugrunde gehen; zu Gunsten/ zu Ungunsten,* auch *zugunsten/zuungunsten; mit Hilfe,* auch *mithilfe; in Hinsicht,* aber immer *infolge; dort zu Lande,* auch *dortzulande; zu Lasten,* auch *zulasten; zur Not,* aber *vonnöten; zur Seite; auf Seiten, von Seiten,* auch *aufseiten, vonseiten,* aber immer nur *beiseite; im Stande,* auch *imstande; außer Stande,* auch *außerstande.*

In den folgenden festen Wortverbindungen ist allein die Großschreibung des Substantivs korrekt:
außer (aller) Acht lassen, in Acht nehmen, in Betracht kommen/ ziehen, ihm stehen die Haare zu Berge, zu Hilfe kommen, in Kauf nehmen.

Setzen Sie die richtigen Buchstaben ein!

[18]
Aufgabe

Denkt Heinrich an die Neuregelung der Orthografie, kommt er leicht ins Grübeln:

„Wenn ich in __etracht ziehe, dass in __insicht auf die neue Rechtschreibregelung zum Teil ganz falsche Vorstellungen herrschen, dann stehen mir die Haare zu __erge. Auf __rund (oder __ufgrund) vieler Tatarenmeldungen meinen manche, das Abendland gehe jetzt zu __runde (oder __ugrunde). Doch wer ein großes Ziel verfolgt, der darf die öffentliche Meinung im __runde nicht außer __cht lassen, muss aber in __auf nehmen, dass auf __eiten (oder __ufseiten) schlecht Informierter manchmal das Augenmaß abhandenkommt. Doch lassen wir das Räsonieren __eiseite und zeigen wir stattdessen Optimismus: Mit __ezug auf die Akzeptanz der neuen Regeln erwarte ich, dass uns in __älde die ersten Erfahrungsberichte zu __ilfe kommen werden. Dann sind wir auch im __tande (oder __mstande) besser zu beurteilen, was sich zu __unsten (oder __ugunsten) und was sich zu __asten (oder __ulasten) der Schreibenden auswirkt."

24. Die Großschreibung der unbestimmten Zahladjektive

Unbestimmte Zahladjektive, die den Indefinitpronomen nahestehen, werden großgeschrieben.

Die unbestimmten Zahladjektive wurden bisher kleingeschrieben. Da es jedoch nicht immer einfach ist, genau zu bestimmen, ob ein Adjektiv ein Zahlwort ist oder ein Substantiv, gab es früher Einzelfestlegungen der Schreibung, die nicht immer leicht nachzuvollziehen waren. Wer durchschaute schon auf den ersten Blick, dass *alles übrige* kleinzuschreiben war, *das Weitere* aber groß? Deshalb schreiben Sie ab jetzt einfach alles groß:

Jeder Einzelne ist dazu aufgerufen, auf die Umwelt Rücksicht zu nehmen.

Ich bin als Einzelner doch gar nicht in der Lage, die neue Regelung durchzusetzen.

Hans ist der Einzige, der ununterbrochen arbeitet.

Hans arbeitet als Einziger ununterbrochen.

Du musst die Ausstellung als Ganzes auf dich wirken lassen.

Ich muss das Ganze noch einmal überdenken.

Aus Süßigkeiten macht er sich nicht das Geringste.

Auf ihrer Reise haben unsere Freunde alles Mögliche erlebt.

Wir hatten noch Verschiedenes in der Stadt zu erledigen.

Alles Übrige besprechen wir dann im kleinen Kreis.

Über dieses Ereignis staunten Unzählige/Ungezählte/Zahllose vor den Bildschirmen.

Alles Weitere werden wir sehen.

 Eine wichtige Einschränkung sollten Sie sich aber merken: Weiterhin kleingeschrieben werden in der Regel die vier Zahladjektive **viel, wenig, eine, andere** mitsamt ihren Beugungsformen:

Unter denen, die kamen, waren viele, die den Heiligen Rock schon einmal gesehen hatten.

Der eine oder andere wird diese Theateraufführung nicht vergessen.

Den wenigen, die die Einladung wahrgenommen hatten, wurde ein vorzügliches Essen serviert.

Nur noch weniges können wir davon gebrauchen.

Alles andere erzähle ich dir bei einem Glas Wein.

Unter anderem geht es bei diesem Plan um die Erschließung von Bauland.

Die meisten sind mit wenigem zufrieden.

Das viele, das ihr gegeben wurde, wurde ihr auch wieder genommen, sodass ihr nur noch weniges blieb.

Das können auch andere bestätigen.

Aber: Wenn Sie hervorheben wollen, dass Sie das Adjektiv nicht als unbestimmtes Zahlwort verstehen, können Sie es auch großschreiben:

Der Präsident strebte etwas ganz anderes, auch: **Anderes** (etwas Andersartiges/völlig Neues) **an. Es sind viele,** auch: **Viele dafür, die meisten,** auch: **Meisten sind aber dagegen.**

Markieren Sie die richtige Alternative!

[19]
Aufgabe

Wenn Z/zahllose an einem Strang ziehen, dann erreichen sie in der Regel mehr als jeder E/einzelne für sich allein. Doch stellt sich der E/eine oder A/andere nicht in den Dienst des G/ganzen, kann ein Unternehmen gefährdet sein. Echte Quertreiber aber werden sich daraus nicht das G/geringste machen und alles W/weitere von sich abtropfen lassen. Dass W/wenige die V/vielen behindern, wird die M/meisten stören, und diese werden alles M/mögliche unternehmen und V/verschiedenes ausprobieren, um das Problem zu lösen. Sie werden unter A/anderem auch versuchen, die E/einzelnen zur Zusammenarbeit zu bewegen. Die ganz Engagierten können über dieser Aufgabe alles Ü/übrige vergessen.

25. Die Großschreibung von substantivierten Ordnungszahlen

Substantivierte Ordnungszahlen werden großgeschrieben.

Dies galt in der Vergangenheit nur zum Teil, da Sie zwei Fälle unterscheiden mussten: Wenn mit der Ordnungszahl nur eine bloße Reihenfolge ausgedrückt wurde, war sie kleinzuschreiben, andernfalls aber groß, *sie fuhr als erste* = zuerst *durchs Ziel,* aber *sie kam als Erste* = als Siegerin *durchs Ziel.* Diese feinen Unterschiede brauchen Sie jetzt nicht mehr zu beachten, sondern Sie schreiben alles groß:

der Erste; Ersterer; Erster sein/werden; als Erstes; am Ersten jedes Monats; fürs Erste; die Rechte Dritter; als Dritter an der Reihe sein; jeder Fünfte; vom Hundertsten ins Tausendste kommen; der Letzte; Letzterer; Letzter sein/werden; als Letztes; als Nächstes wollen wir ...; die Nächste, bitte; wie kein Zweiter arbeiten.

Ergänzen Sie die fehlenden Anfangsbuchstaben!

[20]
Aufgabe

Wenn Heinrich beim Arzt warten muss, dann beobachtet er immer scharf, als Wievielter er an der Reihe ist:
„Noch bin ich __etzter, das bedeutet, ich bin als __ünfter dran. Doch was ist denn da los? Will doch die Frau dem Neuankömmling den Vortritt lassen! Weiß sie nicht, dass sie damit Rechte __ritter verletzt? Auf diese Weise kann ich ja nie __rster werden. Und mein Nachbar, der nervt: Wie der vom __undertsten ins __ausendste kommt. Der schwätzt wie kein __weiter. Fürs __rste will ich versuchen, einfach wegzuhören. Vielleicht wäre es eine gute Lösung, wenn nur jeder __weite aufgerufen würde. Aber dann müsste ich es einrichten, dass ich als __ritter oder __ünfter das Wartezimmer betrete. Und was ist, wenn die Arzthelferin nicht mit dem __rsten beginnt, sondern mit dem __weiten? Dann müsste ich der _weite oder __ierte sein – so ein Quatsch. Hauptsache, ich bin gleich dran, alles Übrige interessiert doch nicht. Ah, da ist ja die Arzthelferin: Der __ächste, bitte. Das bin ich. Gott sei Dank. Was für eine Karriere, vom __etzten zum __rsten zu werden."

26. Die Großschreibung von substantivierten Adjektiven in festen Wendungen

§

Substantivierte Adjektive, die Bestandteile fester Wendungen bilden, sind großzuschreiben.

Diese Festlegung bedeutet für Sie eine erhebliche Erleichterung, werden mit ihr doch eine Reihe von Zweifelsfällen beseitigt. Dies gilt zuerst einmal für substantivierte Adjektive in Verbverbindungen. Deren konsequente Großschreibung führt dazu, dass Sie sich keine Gedanken mehr darüber machen müssen, ob Sie die Verbindung gerade in wörtlicher oder übertragener Bedeutung gebrauchen und dementsprechend das Adjektiv groß- oder kleinzuschreiben haben: *auf dem Trockenen sitzen* (auf trockenem Land sitzen), aber *auf dem trockenen sitzen* (kein Geld haben). Zusätzlich hatten Sie früher noch die Fälle zu berücksichtigen, in denen die Unterscheidung in der Schreibung nicht gemacht wurde: *ins Schwarze treffen* (in die Mitte der Zielscheibe treffen/einem Sachverhalt völlig gerecht werden). Nicht einzusehen waren auch die unterschiedlichen Schreibungen von *im verborgenen* und *im Freien*. Jetzt schreiben Sie alles groß, ohne weiter dabei überlegen zu müssen, zum Beispiel: *im Argen liegen, zum Besten geben, zum Besten von jemandem geschehen/sein, jemanden vor dem Ärgsten bewahren, zum Besten haben/halten, im Dunkeln bleiben, im Dunkeln tappen, auf dem Laufenden halten/sein, nicht im Geringsten stören, es im Guten versuchen, sich über etwas im Klaren sein, aus dem Vollen schöpfen, sein Schäfchen ins Trockene bringen, den Kürzeren ziehen, auf dem Trockenen sitzen, im Trüben fischen, sich ins Unabsehbare ausweiten, im Unklaren bleiben, im Unklaren lassen, im Verborgenen blühen, etwas im Stillen vorbereiten, mit jemandem/etwas im Reinen sein, ins Reine* kommen/bringen, bis ins Einzelne geregelt, ins Einzelne gehend, im Ganzen gesehen.

Die Neuregelung gilt auch für freier verwendbare Wendungen mit Adjektiven, die mit einem Artikel oder einer Präposition verbunden sind. Auch das bringt Ihnen Erleichterung. Dafür einige Beispiele, die bislang kleingeschrieben wurden oder bei denen zumindest Unsicherheit herrschte:

ich habe etwas Ähnliches erlebt; und/oder Ähnliches, u. Ä., o. Ä.; das Allerbeste/Beste sein; um ein Beträchtliches höher sein; jeder Beliebige; den Erstbesten nehmen; wir haben Derartiges nicht bemerkt; jeder Einzelne von uns; der/die/das Einzige; das Einzigartige ist; Folgendes/das Folgende ist zu beachten; es ist das Gegebene, schnell zu handeln; um ein Geringes; es geht ihn nicht das Geringste an; das Gleiche/ein Gleiches tun; das Größte wäre; es wäre das Klügste, wenn; des Langen und Breiten; es wäre uns das Liebste, wenn; wir haben das Menschenmögliche getan; das Mindeste; sein Möglichstes tun; etwas des Näheren erläutern; aufs Neue; auf ein Neues; des Öfteren; das ist genau das Richtige für mich; das Schlimmste ist; das Sicherste ist; alles Sonstige; das Vorige gilt auch; Vorstehendes/das Vorstehende gilt auch; des Weiteren wird gesagt;

aufs Gleiche hinauskommen; im Allgemeinen und im Besonderen; im Bösen wie im Guten; im Einzelnen; nicht im Entferntesten; wie im Folgenden erläutert; nicht im Geringsten; im Großen und Ganzen; im Klaren; ein Staat im Kleinen; nicht im Mindesten; im Nachstehenden heißt es; im Nebenstehenden wird gezeigt; im Vorangehenden/Vorhergehenden heißt es; im Vorigen/Vorstehenden heißt es; im Übrigen; es besteht im Wesentlichen aus; bis ins Kleinste.

In bestimmten festen Verbindungen aus Präposition und nicht deklinierten Adjektiv ohne vorangehenden Artikel wird weiterhin kleingeschrieben: **durch dick und dünn, über kurz oder lang, von klein auf, von nah und fern, schwarz auf weiß, grau in grau.**

Wenn das Adjektiv dekliniert ist, können Sie zwischen der Klein- oder Großschreibung wählen: **von neuem/von Neuem, von weitem/von Weitem, bis auf weiteres/bis auf Weiteres, ohne weiteres/ohne Weiteres, seit längerem/seit Längerem.**

 Großschreiben müssen Sie aber *im Nachhinein, im Voraus, im Vorhinein.*

 Die Schreibung von Verbindungen mit *aufs/auf das* und Superlativ wird in Abschnitt 30 behandelt.

Ergänzen Sie die fehlenden Buchstaben!

[21]
Aufgabe

Heinrich zieht mit Theodor durch __ick und __ünn, weil er sein __öglichstes tun will, seinen Freund vor dem __rgsten zu bewahren. Natürlich ist er sich darüber im __laren, dass es das __icherste wäre, sein Freund würde auf unüberlegte Abenteuer verzichten. Das hat er Theodor auch des __angen und __reiten erläutert, obwohl er sich darüber im __laren war, dass der sich nicht im __eringsten durch diese Ausführungen stören lassen würde. Theodor gehört nun mal zu den unbesonnenen Menschen, die riskieren, im __unkeln zu tappen, anstatt etwas bis ins __leinste vorzubereiten. Lieber sitzt er auf dem __rockenen und zieht dabei auch noch den __ürzeren. Der Gedanke, etwas könnte im __oraus bis ins __inzelne geregelt sein, macht ihm Angst. Zwar hat er schon des __fteren eingeräumt, es wäre sicherlich das __lügste, den Ratschlägen Heinrichs zu folgen. Aber bis auf __eiteres sei es ihm am __iebsten, wie bisher weiterzumachen. Als Zugeständnis sagte er zu, Heinrich über seine Pläne auf dem __aufenden zu halten. Und deshalb hält Heinrich auch weiterhin im __ösen wie im __uten zu Theodor.

27. Die Großschreibung von Adjektiven in Paarformeln

§

Paarformeln mit nicht deklinierten Adjektiven, die zur Bezeichnung von Personen dienen, werden großgeschrieben.

Vermutlich benutzen Sie solche Paarformeln nicht allzu oft. Dennoch bedeutet diese Regelung eine gewisse Erleichterung, da Sie jetzt nicht mehr zwischen nicht dekliniertem und dekliniertem Gebrauch unterscheiden müssen:
Der Tod macht Arm und Reich gleich.
Früher schon: *Der Tod macht Arme und Reiche gleich.*
Das Gesetz soll zwischen Arm und Reich keinen Unterschied machen.
Früher schon: *Das Gesetz soll zwischen Armen und Reichen keinen Unterschied machen.*
Die Veranstalter bieten ein Programm für Groß und Klein.
Früher schon: *Die Veranstalter bieten ein Programm für Große und Kleine.*
Jung und Alt feiern gemeinsam ein fröhliches Fest.
Früher schon: *Junge und Alte feiern gemeinsam ein fröhliches Fest.*
Hoch und Niedrig amüsierten sich unterschiedslos.
Früher schon: *Hohe und Niedrige amüsierten sich unterschiedslos.*
Auch: *Gleich und Gleich gesellt sich gern.*

 Bei den folgenden Beispielen handelt es sich zwar nicht um Paarformeln, aber großgeschrieben werden sie trotzdem:
aus Alt mach Neu; aus Schwarz Weiß machen.

Eigentlich lohnt sich hier keine Übung, aber wenn Sie wollen, können Sie die fehlenden Buchstaben einsetzen.

[22]
Aufgabe

Heinrich plant eine Party, zu der er schriftlich einlädt. Doch da er etwas altmodisch ist, spricht er nicht von Kids und Gruftis ... „Heinrich Müller würde sich freuen, mit __ung und __lt ein rauschendes Fest zu feiern. Er will zwischen seinen Gästen keine Unterschiede machen: Deshalb sind geladen __och und __iedrig wie __rm und __eich. Auch Unverheiratete sind herzlich willkommen, denn __leich und __leich gesellt sich gern. Wenn Heinrich schon nicht aus __chwarz __eiß machen kann, so will er wenigstens versuchen, aus __lt __eu zu machen, um __roß und __lein zu erfreuen."

28. Die Großschreibung von Sprach- und Farbbezeichnungen mit Präposition

§

Sprach- und Farbbezeichnungen werden in Verbindung mit Präpositionen großgeschrieben.

Wie wir Sprachbezeichnungen schreiben, ist klar: als Substantive groß und als Adjektive klein:
Sein Amerikanisch hat noch immer einen deutschen Akzent.
Sie trägt ihr Referat französisch vor, diskutiert aber deutsch.
Wie wir alle wissen, ist Englisch eine Weltsprache.

Unsicherheiten gab es früher aber bei Verknüpfungen von Sprachbezeichnungen mit Präpositionen. Sind sie als Substantive oder als Adjektive zu behandeln? Jetzt ist diese Frage zugunsten der substantivischen Interpretation entschieden.

Bislang haben Sie ja schon die Farbbezeichnungen mit Präposition großgeschrieben:

Wenn die Ampel auf Rot schaltet, müssen Sie warten, bei Grün dürfen Sie fahren. Mit Gelb sollten Sie sehr vorsichtig umgehen.

Nun schreiben Sie die Sprachbezeichnungen mit Präposition ebenfalls grundsätzlich groß:

Sie trägt ihr Referat auf Französisch vor, diskutiert aber auf Deutsch. Äußert er sich auf Amerikanisch, so kann er seinen deutschen Akzent nicht verleugnen.

Alle Texte in Niederländisch sind ins Dänische zu übersetzen.

Mit Englisch kommt man fast durch die ganze Welt.

Nebenbei: Bei den Sprachbezeichnungen haben Sie manchmal die Wahl zwischen groß oder klein. Dann ist aber immer ein Bedeutungsunterschied im Spiel:

Was spricht sie?/Was für eine Sprache spricht sie? – Sie spricht Dänisch/ein hervorragendes Dänisch.

Wie spricht sie? – Sie spricht dänisch/hervorragend dänisch.

Groß oder klein? Entscheiden Sie sich für die richtige Lösung! **[23]**
Aufgabe

Obwohl die Dolmetscherin ganz gut __panisch spricht, fehlen ihr dennoch manchmal Fachtermini auf __panisch. Daneben beherrscht sie noch __riechisch und __ortugiesisch. Am besten drückt sie sich aber in __eutsch aus, während sie im __iederländischen so manchen Fehler macht. Schriftlich beherrscht sie __eutsch besonders gut, zumal sie die Rechtschreibregeln im __eutschen bestens kennt. So weiß sie auch, wie man die Farbbezeichnungen in den folgenden Sätzen schreibt: „Wir bieten Ihnen die Stoffe in allen Farben an: in __rün, in __ot, in __lau usw. Alle Farbtöne sind lieferbar, lediglich bei __rün können kleine Verzögerungen eintreten."

29. Die Großschreibung von Tageszeiten in Verbindung mit gestern, heute und morgen

§

Stehen Bezeichnungen von Tageszeiten mit den Adverbien gestern, heute und morgen zusammen, so werden sie großgeschrieben.

gestern/heute/morgen Abend;
gestern/heute/morgen Morgen;
gestern/heute/morgen Mittag/Nachmittag/Vormittag;
gestern/heute/morgen Nacht.
Das gilt natürlich auch für *vorgestern* und *übermorgen:*
übermorgen/vorgestern Abend/Morgen/Mittag/Nachmittag/
Vormittag/Nacht.

 Bezeichnungen für Tageszeiten, die mit einem Namen für einen Wochentag verbunden sind, werden nach der neuen Rechtschreibung nur noch groß- und zusammengeschrieben:
am Montagabend, am Dienstagmorgen, am Mittwochmittag, am Donnerstagvormittag, am Freitagnachmittag.

 Die nachgetragene Zeitangabe **früh** kann, muss aber nicht als Substantiv betrachtet werden. Deshalb kann klein- oder großgeschrieben werden: **heute früh/Früh.**

Ergänzen Sie die fehlenden Buchstaben!

Aufgabe

Heinrich, das Organisationsgenie, verabredet das nächste Treffen:
„Wir haben zwei Möglichkeiten: Entweder treffen wir uns heute __bend oder übermorgen __ittag. Notfalls ginge es auch morgen __rüh. Aber bitte sorge dafür, dass es nicht wieder wie

vorgestern __achmittag wird; vor allem will ich deine Entschuldigung von heute __orgen, wir hätten uns auf gestern __acht verabredet, nicht noch einmal hören."

30. Die Großschreibung von Superlativen mit aufs

§

Superlative, die mit aufs gebildet sind, können groß- oder kleingeschrieben werden.

Die Großschreibung stellt eine Anpassung an die Regel dar, dass substantivierte Adjektive großzuschreiben sind. Als formales Merkmal gilt der Artikel, der in *aufs* mit der Präposition verschmolzen ist: *auf das.* Also:
aufs Äußerste gespannt, aufs Beste geregelt sein, etwas aufs Dringendste fordern, aufs Eindringlichste warnen, aufs Eingehendste untersuchen, aufs Engste verflochten, auf das Entschiedenste zurückweisen, aufs Genaueste festgelegt, jemanden aufs Gröbste beleidigen, auf das Herzlichste begrüßen, aufs Höchste erfreut, etwas auf das Schärfste verurteilen, aufs Strengste unterscheiden, aufs Tiefste gekränkt.

Die Kleinschreibung ist in diesen Fällen ebenfalls korrekt. Das hängt damit zusammen, dass wir nach Superlativen, die mit *am* gebildet sind, mit „Wie?" fragen können:
Der ICE fährt am schnellsten. – Wie fährt der ICE? – Am schnellsten.

Analog dazu können wir auch bei Superlativen mit *aufs* mit „Wie?" fragen:
Der Hausherr begrüßte seine Gäste aufs Herzlichste. – Wie begrüßte der Hausherr seine Gäste? – Aufs Herzlichste.

Das ist der Grund dafür, dass Sie auch weiterhin schreiben können:

aufs äußerste gespannt, aufs beste geregelt sein, etwas aufs dringendste fordern, aufs eindringlichste warnen, aufs eingehendste untersuchen, aufs engste verflochten, auf das entschiedenste zurückweisen, aufs genaueste festgelegt, jemanden aufs gröbste beleidigen, auf das herzlichste begrüßen, aufs höchste erfreut, etwas auf das schärfste verurteilen, aufs strengste unterscheiden, aufs tiefste gekränkt.

Die Alternative „groß oder klein?" ist auf Superlative mit **aufs/ auf das** beschränkt. Verbindungen von Artikel oder den Präpositionen **im/ins/vorm/zum** und Superlativ sind dagegen stets großzuschreiben:

Es ist das Beste, wenn du jetzt gehst.

Er gab den Versammelten einen seiner berühmten Witze zum Besten.

Das geschieht nur zum Besten der Aktionäre.

Wir sind wieder vor dem Ärgsten bewahrt worden.

Er beabsichtigte nicht im Entferntesten, Sie an seinen Geschäften zu beteiligen.

Die Eisenbahngeräusche stören mich nicht im Geringsten.

Sie konnte nie auch nur im Kleinsten nachgeben.

Der Dozent hat sich bis ins Kleinste vorbereitet.

Superlative, nach denen mit „Woran?"/„An was?" und „Worauf?"/„Auf was?" gefragt werden kann, sind großzuschreiben:

Woran fehlt es uns? – Uns fehlt es am/an dem Nötigsten.

Worauf sind wir angewiesen? – Wir sind aufs/auf das Beste angewiesen.

Aber Achtung!

Wie ist die neue Rechtschreibung geregelt? –

Die neue Rechtschreibung ist aufs Beste/aufs beste geregelt.

Groß oder klein? Oder beides? Setzen Sie die fehlenden Buchstaben ein!

[25]
Aufgabe

Heinrich, der den Superlativ liebt, berichtet:
„Ich war aufs __ußerste gespannt, als ich – der aufs __öflichste formulierten Einladung folgend – das aufs __chönste geschmückte Haus betrat. Der Gastgeber begrüßte mich aufs __erzlichste, sodass ich ihm am __iebsten um den Hals gefallen wäre. Bescheiden lud er ein, mit dem fürliebzunehmen, was das Haus biete, denn leider fehle es am __ötigsten. Ich ließ mich von seinen Bemerkungen nicht im __eringsten stören, sondern widersprach ihm auf das __ntschiedenste; schließlich war alles aufs __este geregelt. Ich sagte ihm deshalb, er wisse doch selbst am __esten, dass man auf das __este angewiesen sei. Natürlich war er über meine Schmeicheleien aufs __öchste erfreut."

31. Substantive in mehrteiligen Fügungen

Stehen Substantive im Innern mehrteiliger Fügungen, die als Ganzes die Funktion eines Substantivs haben, dann werden sie großgeschrieben:

§

Alma Mater, Alter Ego, Corpus Delicti, Lapsus Linguae, Ultima Ratio, Corned Beef, Joint Venture, Small Talk, Short Story, Soft Drink.

Diese Regel gilt auch bei Bindestrich-Schreibungen, da bei mehrteiligen Fügungen, deren Teile mit Bindestrich verbunden sind, großgeschrieben werden: das erste Wort, der Infinitiv und die substantivischen Bestandteile. Dabei ist zuerst einmal an Fälle gedacht wie *es ist zum Auf-und-davon-Laufen, das In-den-Tag-hinein-Leben, das Kopf-an-Kopf-Rennen* oder *die Mund-zu-Mund-Beatmung.*

Sie gilt aber natürlich auch für Zusammensetzungen wie *Abend-brot-Kreation, Ball-Lokal, Blumentopf-Erde, Desktop-Publishing, Fulltime-Job, Kaffee-Ernte, Laut-Buchstaben-Zuordnung, Midlife-Crisis, Musiker-Leben, Sex-Appeal.*

Umgekehrt müssen Sie darauf achten, dass Sie nicht substantivische Bestandteile kleinschreiben:
Ad-hoc-Bildung, Black-out, Duty-free-Shop, das Entweder-oder, das Sowohl-als-auch, das Teils-teils, Make-up, Numerus clausus, Persona grata, Tabula rasa.

Interessieren Sie sich für die alternativen Schreibungen von *Sexappeal* und *Sex-Appeal* oder *Come-back* und *Comeback,* aber auch *Happyend* und *Happy End* oder *Smalltalk* und *Small Talk,* können Sie im Abschnitt 18 nachlesen.

Groß oder klein? Welche Alternative ist richtig?

[26]
Aufgabe

Heinrich hat lange an der Universität oder Alma M/mater (wie er sagen würde) verweilt. Mancher würde ihm vorwerfen, er habe das In-D/den-T/tag-/H/hinein-L/leben ziemlich ausgiebig genossen. Aber wer Heinrich so kommen will, der hat nicht mit dessen dialektischen Fähigkeiten gerechnet, mit all dem Entweder-O/oder, Teils-T/teils und Sowohl-A/als-A/auch, mit dem Heinrich einen zuschütten kann, bis man sich mit seinem Alter E/ego verwechselt. Ein Auf-U/und-D/davon-L/laufen nützt da nichts. Am besten dreht man den Spieß um und kontert mit Midlife-C/crisis oder Sex-A/appeal. Und wirft man Heinrich dann noch als Ultima R/ratio das Wort „Rooming-I/in" an den Kopf, dann bekommt er vielleicht einen Black-O/out und braucht eine geistige Mund-Z/zu-M/mund-B/beatmung. Wer aber glaubt, Heinrich würde danach zum Small T/talk übergehen, der hofft auf ein Happy E/end, das nie eintreffen wird.

32. Einige Einzelfälle

Dieser Abschnitt weicht in seinem Aufbau von dem sonst üblichen Schema ab. In ihm wird eine Reihe von Regelungen zur Groß- und Kleinschreibung aufgezählt, für die es sich nicht lohnt, eigene Rubriken anzulegen.

Mal gilt ab jetzt immer als Substantiv, das großzuschreiben ist. Das Plural-*e* ist (ebenso wie das Dativ-*e*) fakultativ:
das erste Mal, zum ersten/achten Mal(e), dieses Mal, einige Mal(e), etliche Mal(e), jedes Mal, manches Mal, mehrere Mal(e), einige Millionen Mal(e), unendliche Mal(e), unzählige Mal(e), verschiedene Mal(e), viele Mal(e).
Aber wie bisher: *erstmals, einmal/achtmal, diesmal, manchmal, mehrmals, nochmals, vielmals.* Bei besonderer Betonung kann *Mal* in Verbindungen mit Zahlwörtern auch großgeschrieben werden: *nur ein Mal, höchstens acht Mal(e).*

Adverbien, Präpositionen und Konjunktionen auf *-s* und *-ens* wurden schon immer kleingeschrieben, zum Beispiel *abends, anfangs, willens, abseits (der Straße), mangels, mittels.* In diese Reihe gehören jetzt auch *hungers sterben, rechtens sein, etwas rechtens machen.*

Pronomen, auch wenn sie Substantive vertreten, werden wie bisher kleingeschrieben:
An der Rechtschreibung hat sich so mancher die Zähne ausgebissen. – Wenn einer eine Reise tut, kann er was erleben. – Man muss mit beiden reden.
Sind Possessivpronomen mit einem bestimmten Artikel verbunden, so können sie auch großgeschrieben werden:
Grüß mir die deinen/Deinen (die deinigen/Deinigen). – Wie jeder muss auch ich das meine/Meine (das meinige/Meinige) dazu bei-

tragen. – Jedem das seine/Seine (das seinige/Seinige). – An das eure/Eure (das eurige/Eurige) soll nicht gerührt werden.

Substantivierte Pronomen werden großgeschrieben, zum Beispiel: *auf Du und Du stehen; ein gewisses Etwas haben; Mein und Dein verwechseln; vor dem Nichts stehen.*

Kardinalzahlen unter einer Million werden kleingeschrieben. Das gilt jetzt auch für folgende Wendungen: *in die achtzig kommen, in null Komma nichts, auf null stehen, unter null sinken.*
Die Zahlwörter *hundert* und *tausend* können sowohl groß- als auch kleingeschrieben werden, wenn mit ihnen eine unbestimmte, nicht in Ziffern schreibbare Menge angegeben wird: *Viele Tausende/tausende stürmten durch den Park. – Mehrere Hundert/hundert Menschen versammelten sich vor dem Schloss. – Auf den Wiesen rasteten Tausende/tausende von Graugänsen. – Die Möwen bevölkerten zu Aberhunderten/aberhunderten die Klippen. – Der Beifall Zigtausender/zigtausender brandete auf.*
Entsprechendes gilt auch für *Dutzend:*
Die Rechtschreibung wurde in einigen Dutzend/dutzend Punkten verändert. – In Dutzenden/dutzenden von Fällen ist anders entschieden worden.

Substantivierte Adverbien, Präpositionen, Konjunktionen und Interjektionen werden großgeschrieben; in einigen Fällen ist jedoch auch die Kleinschreibung möglich:
Bitte sagen, auch *bitte sagen; Hurra schreien,* auch *hurra schreien; Nein sagen,* auch *nein sagen.*

Großgeschrieben werden nicht substantivische Wörter, wenn sie Anfangsteil eines zusammengesetzten Substantivs mit Bindestrich sind:
die Ad-hoc-Entscheidung, der Trimm-dich-Pfad, die S-Kurve, X-Beine.

Abkürzungen, zitierte Wortformen und Einzelbuchstaben bleiben jedoch unverändert, in den folgenden Beispielen also klein: *die km-Zahl, der pH-Wert, der dass-Satz, die x-Achse.* Ausschließlich Kleinschreibung gilt jetzt auch für *der i-Punkt, das i-Tüpfelchen* (der Punkt oder das Tüpfelchen auf dem kleinen *i*).

In den folgenden Beispielen ist dagegen Groß- wie Kleinschreibung möglich: *X-beinig,* auch *x-beinig* (Beine wie ein großes *X* oder ein kleines *x*); *S-förmig,* auch *s-förmig; U-förmig,* auch *u-förmig; X-förmig,* auch *x-förmig* (von der Form eines großen *S, U, X* oder eines kleinen *s, u, x*).

Verehrte Frau Meister, lieber Peter,

ich muss es einfach mal aussprechen: Wenn ich an meine Freunde in Heidelberg schreibe, dann habe ich große Probleme mit der Anrede. Peter, da ich
deine/**D**eine liebe Frau noch nicht duze, sehe ich mich gezwungen, zwischen
Sie und **d**u/**D**u hin- und herzuspringen. Aber wenn ich **S**ie, verehrte Frau Meister,
und **d**ich/**D**ich, mein Peter, gemeinsam anreden möchte, weiß ich nie, ob ich **S**ie
oder **e**uch/**E**uch verwenden soll. Denn „**I**hre Zeilen von **I**hrer Hochzeitsreise"
klingt mir zu distanziert, und bei „**e**ure/**E**ure Zeilen von **e**urer/**E**urer Hochzeitsreise" weiß ich nicht, ob **I**hnen, Frau Meister, das nicht zu plump vorkommt.
Wenn das jetzt ein Fremder lesen könnte, würde der wohl bei sich denken:
„Solche Nöte möchte ich haben!" Aber Peter, **d**u/**D**u weißt ja, wie pedantisch
dein/**D**ein alter Freund manchmal sein kann. Und **d**u/**D**u wirst **d**ich/**D**ich bestimmt bei **d**einer/**D**einer Frau dafür verwenden, dass sie mich nicht für zu
spinnert hält. Und liebe, verehrte Frau Meister: Darf ich an **S**ie appellieren, **I**hr
Urteil erst dann endgültig zu fällen, wenn **S**ie mich ein wenig besser kennengelernt haben?
Für den Augenblick wähle ich folgende Lösung: Wenn ich **e**uch/**E**uch beide
meine, schreibe ich abwechselnd **i**hr/**I**hr und **S**ie. Ich hoffe, **e**uch/**E**uch gefällt
diese Lösung. Schreiben **S**ie mir, was **S**ie davon halten. Oder noch besser, ich
besuche **e**uch/**E**uch demnächst in **e**urem/**E**urem neuen Heim, und **S**ie und ich
besprechen das bei einem guten Schoppen. Vielleicht lassen sich die Probleme
so am besten lösen.
Bis dahin grüße ich recht herzlich nach Heidelberg als **I**hr respektive **d**ein/**D**ein
Heinrich Müller

[14]
Lösung

Lieber Theodor,

wie du dich sicher erinnerst, haben uns die Enkelkinder zur **g**oldenen Hochzeit
eine Reise auf die **K**apverdischen Inseln geschenkt, wo uns Gott sei Dank
der **w**eiße Tod nicht ereilen kann (bitte entschuldige den Kalauer). Wir sind am
Heiligen Abend losgeflogen, und stell dir vor, wen wir auf dem Flugplatz getroffen haben, den **T**echnischen Direktor der XYZ-Werke, von dem du immer als
grauer Eminenz sprichst (Maria nennt ihn dagegen einen **s**chnellen Brüter).

[15]
Lösung

Wir fühlen uns hier ausgesprochen wohl, obwohl uns die Gemeine Stubenfliege ganz gemein peinigt. Maria könnte sich bei der Jagd auf diese Plagegeister glatt das gelbe Trikot verdienen. Ansonsten gehen wir es gemütlich an, Maria beschäftigt sich wie schon so oft mit Büchern über die Ältere Steinzeit, während ich den Geheimnissen des Goldenen Schnitts bei Dürer nachspüre.

Jetzt noch ein wenig Klatsch. Hast du auch schon gehört, dass der Meier zum Leitenden Akademischen Direktor ernannt worden ist? Hatte ich eine Wut! Am liebsten hätte ich dem Wissenschaftsminister die Rote Karte gezeigt. Wenn ich könnte, würde ich ihn über die Große Mauer stürzen oder im Stillen Ozean versenken. Wer wann befördert wird, das ist wirklich höhere Mathematik!

Es grüßt dich ganz herzlich dein

Heinrich

PS: Im neuen Jahr werde ich meinen Frust mit autogenem Training bekämpfen!

Von aristotelischer Logik sind Diskussionen im Alltag selten beseelt, da sie eher Streitereien ähneln als der folgerichtigen Entwicklung von Positionen. Und doch treffen sie hin und wieder den archimedischen/Archimedischen Punkt. Dies geschieht jedoch nicht immer zur Freude aller Beteiligten. Wer dann allerdings mit dem Hinweis auf eine Freud'sche Fehlleistung abzuwiegeln versucht, der sollte dies eher mit eulenspiegelhaftem Unterton tun als mit kafkaesker Gebärde. Sonst wird noch behauptet, er rede Schweizer Käse. Wer dagegen über Luther'sche Wortgewalt gebietet, mag seinen Kontrahenten manches verbale potemkinsche/Potemkinsche Dorf präsentieren.

[16] Lösung

Auch wenn du behauptest, keine Schuld zu tragen, bist du doch schuld an dieser Katastrophe. Wir müssten keineswegs pleite sein, aber du hast schließlich verhindert, dass der rettende Vertrag zu Stande kommen konnte. Ich bin es leid, dass du ständig Angst davor hast, die nötigen Entscheidungen zu fällen. Mir kannst du in Zukunft mit deinen Bedenken nicht mehr Angst und Bange machen, wiewohl einem bei deinen Spinnereien schon angst und bange werden müsste. Aber du wirst auch nicht mehr von mir erwarten können, dass ich dich

[17] Lösung

weiterhin **e**rnst nehme oder dich überhaupt noch zu **R**ate ziehe. Und unterstelle mir ja nicht, mir ginge es immer nur darum, **r**echt/**R**echt zu behalten. Dir das mit aller Deutlichkeit gesagt zu haben, darauf lege ich ausdrücklich **W**ert.

Denkt Heinrich an die Neuregelung der Orthografie, kommt er leicht ins Grübeln: „Wenn ich in **B**etracht ziehe, dass in **H**insicht auf die neue Rechtschreibregelung zum Teil ganz falsche Vorstellungen herrschen, dann stehen mir die Haare zu **B**erge. Auf **G**rund (oder **a**ufgrund) vieler Tatarenmeldungen meinen manche, das Abendland gehe jetzt zu **G**runde (oder **z**ugrunde). Doch wer ein großes Ziel verfolgt, der darf die öffentliche Meinung im **G**runde nicht außer **A**cht lassen, muss aber in **K**auf nehmen, dass auf **S**eiten (oder **a**ufseiten) schlecht Informierter manchmal das Augenmaß abhandenkommt. Doch lassen wir das Räsonieren **b**eiseite und zeigen wir stattdessen Optimismus: Mit **B**ezug auf die Akzeptanz der neuen Regeln erwarte ich, dass uns in **B**älde die ersten Erfahrungsberichte zu **H**ilfe kommen werden. Dann sind wir auch im **S**tande (oder **i**mstande) besser zu beurteilen, was sich zu **G**unsten (oder **z**ugunsten) und was sich zu **L**asten (oder **z**ulasten) der Schreibenden auswirkt."

Lösung

Wenn **Z**ahllose an einem Strang ziehen, dann erreichen sie in der Regel mehr als jeder **E**inzelne für sich allein. Doch stellt sich der **e**ine (auch: **E**ine) oder andere (auch: **A**ndere) nicht in den Dienst des **G**anzen, kann ein Unternehmen gefährdet sein. Echte Quertreiber aber werden sich daraus nicht das **G**eringste machen und alles **W**eitere von sich abtropfen lassen. Dass **w**enige (auch: **W**enige) die **v**ielen (auch: **V**ielen) behindern, wird die **m**eisten (auch: **M**eisten) stören, und diese werden alles **M**ögliche unternehmen und **V**erschiedenes ausprobieren, um das Problem zu lösen. Sie werden unter **a**nderem (auch: **A**nderem) auch versuchen, die **E**inzelnen zur Zusammenarbeit zu bewegen. Die ganz Engagierten können über dieser Aufgabe alles **Ü**brige vergessen.

Lösung

Wenn Heinrich beim Arzt warten muss, dann beobachtet er immer scharf, als Wievielter er an der Reihe ist: „Noch bin ich Letzter, das bedeutet, ich bin als Fünfter dran. Doch was ist denn da los? Will doch die Frau dem Neuankömmling den Vortritt lassen! Weiß sie nicht, dass sie damit Rechte Dritter verletzt? Auf diese Weise kann ich ja nie Erster werden. Und mein Nachbar, der nervt: Wie der vom Hundertsten ins Tausendste kommt. Der schwätzt wie kein Zweiter. Fürs Erste will ich versuchen, einfach wegzuhören. Vielleicht wäre es eine gute Lösung, wenn nur jeder Zweite aufgerufen würde. Aber dann müsste ich es einrichten, dass ich als Dritter oder Fünfter das Wartezimmer betrete. Und was ist, wenn die Arzthelferin nicht mit dem Ersten beginnt, sondern mit dem Zweiten? Dann müsste ich der Zweite oder Vierte sein – so ein Quatsch. Hauptsache, ich bin gleich dran, alles Übrige interessiert doch nicht. Ah, da ist ja die Arzthelferin: Der Nächste, bitte. Das bin ich. Gott sei Dank. Was für eine Karriere, vom Letzten zum Ersten zu werden."

[20]
Lösung

Heinrich zieht mit Theodor durch dick und dünn, weil er sein Möglichstes tun will, seinen Freund vor dem Ärgsten zu bewahren. Natürlich ist er sich darüber im Klaren, dass es das Sicherste wäre, sein Freund würde auf unüberlegte Abenteuer verzichten. Das hat er Theodor auch des Langen und Breiten erläutert, obwohl er sich darüber im Klaren war, dass der sich nicht im Geringsten durch diese Ausführungen stören lassen würde. Theodor gehört nun mal zu den unbesonnenen Menschen, die riskieren, im Dunkeln zu tappen, anstatt etwas bis ins Kleinste vorzubereiten. Lieber sitzt er auf dem Trockenen und zieht dabei auch noch den Kürzeren. Der Gedanke, etwas könnte im Voraus bis ins Einzelne geregelt sein, macht ihm Angst. Zwar hat er schon des Öfteren eingeräumt, es wäre sicherlich das Klügste, den Ratschlägen Heinrichs zu folgen. Aber bis auf weiteres / Weiteres sei es ihm am liebsten, wie bisher weiterzumachen. Als Zugeständnis sagte er zu, Heinrich über seine Pläne auf dem Laufenden zu halten. Und deshalb hält Heinrich auch weiterhin im Bösen wie im Guten zu Theodor.

[21]
Lösung

Heinrich plant eine Party, zu der er schriftlich einlädt. Doch da er etwas alt-modisch ist, spricht er nicht von Kids und Gruftis ...

[22]

Lösung

„Heinrich Müller würde sich freuen, mit Jung und Alt ein rauschendes Fest zu feiern. Er will zwischen seinen Gästen keine Unterschiede machen: Deshalb sind geladen Hoch und Niedrig wie Arm und Reich. Auch Unverheiratete sind herzlich willkommen, denn Gleich und Gleich gesellt sich gern. Wenn Heinrich schon nicht aus Schwarz Weiß machen kann, so will er wenigstens versuchen, aus Alt Neu zu machen, um Groß und Klein zu erfreuen."

Obwohl die Dolmetscherin ganz gut Spanisch spricht, fehlen ihr dennoch manchmal Fachtermini auf Spanisch. Daneben beherrscht sie noch Griechisch und Portugiesisch. Am besten drückt sie sich aber in Deutsch aus, während sie im Niederländischen so manchen Fehler macht. Schriftlich beherrscht sie Deutsch besonders gut, zumal sie die Rechtschreibregeln im Deutschen bestens kennt. So weiß sie auch, wie man die Farbbezeichnungen in den folgenden Sätzen schreibt: „Wir bieten Ihnen die Stoffe in allen Farben an: in Grün, in Rot, in Blau usw. Alle Farbtöne sind lieferbar, lediglich bei Grün können kleine Ver-zögerungen eintreten."

[23]

Lösung

Heinrich, das Organisationsgenie, verabredet das nächste Treffen:
„Wir haben zwei Möglichkeiten: Entweder treffen wir uns heute Abend oder übermorgen Mittag. Notfalls ginge es auch morgen früh/Früh. Aber bitte sorge dafür, dass es nicht wieder wie vorgestern Nachmittag wird; vor allem will ich deine Entschuldigung von heute Morgen, wir hätten uns auf gestern Nacht ver-abredet, nicht noch einmal hören."

[24]

Lösung

Heinrich, der den Superlativ liebt, berichtet:
„Ich war aufs Ä/äußerste gespannt, als ich – der aufs H/höflichste formulierten Einladung folgend – das aufs S/schönste geschmückte Haus betrat. Der Gast-geber begrüßte mich aufs H/herzlichste, sodass ich ihm am liebsten um den Hals

[25]

Lösung

gefallen wäre. Bescheiden lud er ein, mit dem fürliebzunehmen, was das Haus biete, denn leider fehle es am Nötigsten. Ich ließ mich von seinen Bemerkungen nicht im Geringsten stören, sondern widersprach ihm auf das E/entschiedenste; schließlich war alles aufs B/beste geregelt. Ich sagte ihm deshalb, er wisse doch selbst am besten, dass man auf das Beste angewiesen sei. Natürlich war er über meine Schmeicheleien aufs H/höchste erfreut."

Heinrich hat lange an der Universität oder Alma Mater (wie er sagen würde) verweilt. Mancher würde ihm vorwerfen, er habe das In-den-Tag-hinein-Leben ziemlich ausgiebig genossen. Aber wer Heinrich so kommen will, der hat nicht mit dessen dialektischen Fähigkeiten gerechnet, mit all dem Entweder-oder, Teils-teils und Sowohl-als-auch, mit dem Heinrich einen zuschütten kann, bis man sich mit seinem Alter Ego verwechselt. Ein Auf-und-davon-Laufen nützt da nichts. Am besten dreht man den Spieß um und kontert mit Midlife-Crisis oder Sex-Appeal. Und wirft man Heinrich dann noch als Ultima Ratio das Wort „Rooming-in" an den Kopf, dann bekommt er vielleicht einen Black-out und braucht eine geistige Mund-zu-Mund-Beatmung. Wer aber glaubt, Heinrich würde danach zum Small Talk übergehen, der hofft auf ein Happy End, das nie eintreffen wird.

[26]
Lösung

Entscheiden Sie sich jeweils für die Groß- oder Kleinschreibung!

Kaspar Hauser

Am Pfingstmontag des Jahres 1828 geschah in Nürnberg etwas Unerhörtes. Gegen fünf Uhr N/nachmittags .... sah ein N/nürnberger .... Bürger einen Sechzehnjährigen auf der Straße stehen, der durch seine eigenartige gekrümmte Körperhaltung und unbeholfene Gehversuche auffiel. Der Mann tat alles M/mögliche ...., um mit dem Jungen Kontakt aufzunehmen. Er sprach zunächst D/deutsch .... mit ihm und redete ihn dann auf F/französisch .... an, aber außer unverständlichen Sprachlauten war dem Unbeholfenen nichts zu entlocken.

Allerdings hielt der Knabe einen Brief in den Händen. Aufs Ä/äußerste .... gespannt griff der Bürger nach dem Umschlag und brachte den Fremden als N/nächstes .... zu der angegebenen Anschrift: dem Haus eines N/nürnbergischen .... Rittmeisters. Dort angekommen versuchte man aufs N/neue .... , etwas aus ihm herauszubekommen. Wiederum war er jedoch außer (S/s)tande/außerstande .... , sich verständlich zu machen. Er nahm fürs E/erste .... etwas Brot und Wasser zu sich und fiel in einen tiefen Schlaf. Der Rittmeister entschied am Dienstag (M/m)orgen/Dienstagmorgen .... schließlich F/folgendes .... : „Ich bedaure, dass ich dem Jungen gestern A/abend .... nicht helfen konnte, aber ich bin nicht S/schuld .... an seinem Schicksal. Um alles Ü/übrige .... muss sich die Polizei kümmern."

Also brachte man ihn zur Polizei, wo man ebenfalls keinen Rat wusste, da auch der Brief die Herkunft des Findlings im D/dunkeln .... ließ. Als man ihm aber eine Feder gab, schrieb er zum Erstaunen der Anwesenden seinen Namen: Kaspar Hauser. Als ihn ein zu (R/r)ate/zurate .... gezogener Arzt aufs

E/eingehendste .... untersuchte, stellte dieser fest,
dass Kaspar im G/großen .... und G/ganzen .... gesund war, jedoch an einer auffälligen Fehlbildung seiner Kniegelenke
litt. Was dem Jungen Unglaubliches zugestoßen war, sollte man jedoch erst viel später erfahren. Zunächst war man sich noch nicht
einmal im K/klaren .... darüber, ob man ihn für einen Betrüger halten sollte, der die Gutmütigen nur zum B/besten ....
hielt, oder für einen Besessenen. So M/mancher .... meinte
sogar, man dürfe auf (G/g)rund/aufgrund .... seiner
seltsamen Erscheinung auch die Möglichkeit nicht außer A/acht
.... lassen, dass er von einem fremden Planeten komme. Wer
von all den Klugen R/recht .... behalten sollte, das war die
Frage, die G/groß .... und K/klein .... brennend interessierte.
Natürlich dauerte es nicht lange, bis sich H/hunderte ....
Neugierige von N/nah .... und F/fern .... einfanden, um
Kaspar zum ersten M/mal .... zu bestaunen. Dabei wurde er von
A/alt .... und J/jung .... gleichermaßen als Wilder betrach-
tet, den man zähmen musste. Die M/meisten .... ließen
jedes Mitgefühl vermissen und man zeigte ihm des Ö/öfteren
.... Dinge, die ihm A/angst .... machten oder ihn
gar aufs Ä/ärgste .... erschreckten.
Um nicht länger im D/dunkeln .... zu tappen, kümmerten
sich schließlich ein Professor und der E/erste .... Bürgermeister
der Stadt Nürnberg um Kaspar. Die B/beiden .... waren die
E/ersten .... und blieben die E/einzigen .... , die
etwas Näheres vom Leid des Hilflosen erfuhren, der sein Leben von
K/klein .... auf in einem Loch zubringen musste. Manches
A/andere .... über den Menschen Kaspar Hauser blieb
jedoch bis heute im U/unklaren .... Es spricht aber
V/vieles .... dafür, dass er ein B/badischer ....
Prinz war, der wegen Streitigkeiten um die Thronfolge elend zu
(G/g)runde/zugrunde .... ging.

→ E. Zeichensetzung

Mit den Satzzeichen grenzen Sie die Sätze voneinander ab und gliedern sie intern. Sie schaffen mit ihrer Hilfe also Ordnung, die dem Lesenden die Orientierung und damit das Verstehen Ihres Textes erleichtert.

Auf Erleichterung zielt auch die Neuregelung der Zeichensetzung, jedoch nicht für Ihre Leserinnen und Leser, sondern für Sie selbst. Die wenigen Änderungen betreffen in der Hauptsache das Komma bei *und* und bei Infinitiv- und Partizipgruppen – Bereiche, die früher voller Fußangeln steckten.

Wer sagt, das Komma sei in diesen Fällen abgeschafft worden, der hat nur zum Teil recht. Es ist besser, zu sagen, dass Ihnen im Allgemeinen mehr Freiheit bei der Verwendung des Kommas eingeräumt wird. Oftmals bleibt es in Ihr Ermessen gestellt, ob Sie ein Komma setzen wollen oder nicht.

Das heißt aber nicht, dass Sie jetzt die Kommas beliebig über Ihre Sätze streuen können, ganz im Gegenteil. Sie sollen sich bei Ihren Entscheidungen ganz konkret an den Bedürfnissen Ihrer Leserinnen und Leser orientieren. Wann immer Sie denken, dass ein Komma die Übersichtlichkeit eines Satzes und damit seine Verständlichkeit fördert, sollten Sie es setzen.
Sie sehen: Mehr Freiheit bedeutet auch mehr Verantwortung.

Wegen des geringen Kapitelumfangs finden Sie nur am Ende einen zusammenfassenden Test.

33. **Das Komma bei** und

> *Sind gleichrangige Nebensätze, Wortgruppen oder Wörter durch Konjunktionen verbunden, so steht kein Komma.* **§**

Zu den Konjunktionen gehören neben *und* noch *oder, beziehungsweise/bzw., sowie, wie, entweder ... oder, nicht ... noch, sowohl ... als (auch), sowohl ... wie (auch).*
Diese Regel haben Sie schon immer befolgt und sie hat Ihnen keine Probleme bereitet. Doch wie war das eigentlich bei Hauptsätzen? Richtig: Zwei mit *und* verbundene vollständige Hauptsätze waren durch ein Komma zu trennen. Jetzt brauchen Sie im Grunde keinen Gedanken mehr darauf zu verschwenden, ob Sie es mit zwei durch *und* verbundenen Hauptsätzen oder zwei Nebensätzen zu tun haben, denn nach den neuen Regeln braucht auch bei Hauptsätzen kein Komma gesetzt zu werden.

[!] Mit dieser Regel wird Ihnen aber nicht schlichtweg verboten, ein Komma vor **und** zu setzen. Schließlich dient dieses Satzzeichen dazu, Ordnung und Übersicht im Satz zu schaffen, und falls Sie der Meinung sind, es fördere die Lesbarkeit, wenn Sie zwischen zwei mit **und** verbundenen Hauptsätzen ein Komma setzen, dann ist Ihnen das selbstverständlich erlaubt. Sie selbst entscheiden also, ob Sie ein Komma setzen wollen. Schätzen Sie die folgenden Sätze als ausreichend übersichtlich ein, verzichten Sie auf das Komma:

Johanna spielte auf dem Klavier und Johannes sang dazu.
Die Katze miaute und der Hund bellte.

Sind Sie jedoch der Ansicht, eine Verdeutlichung der Satzstruktur sei angebracht, dann setzen Sie eins:

Johanna spielte auf dem Klavier, und Johannes sang dazu.
Die Katze miaute, und der Hund bellte.

Um Missverständnisse zu vermeiden, ist in den folgenden Beispielen
auf jeden Fall ein Komma angebracht:

Er traf sich mit meiner Schwester, und deren Freundin war mit-
gekommen.

Peter arbeitete hart in der Werkstatt, und zusammen mit
seinen Kollegen besuchte er Diskotheken, wenn er Feierabend
hatte.

 Lassen Sie sich jedoch nicht von Sätzen verwirren, in denen
obligatorisch vor *und* ein Komma steht. In den beiden folgenden
Beispielen steht vor *und* ein Komma, weil ein eingeschobener
Nebensatz auch weiterhin in Kommas eingeschlossen werden
muss:
Er behauptete, dass sich die Sonne um die Erde drehe, und ließ sich
durch nichts von dieser Meinung abbringen.
Regula, die eine große Musikliebhaberin ist, und ihr Cello trennen
sich nie.

Noch ein Wort zu den entgegenstellenden Konjunktionen wie
aber, doch, jedoch, sondern. Vor ihnen steht nicht nur ein Komma,
wenn sie gleichrangige Teilsätze verbinden, sondern auch
gleichrangige Wörter oder Wortgruppen. Doch das galt ja auch
früher schon:
Regula spielt Cello, aber Maja und Verena spielen Klavier.
Ein vorzügliches, jedoch preiswertes Essen wurde im Pilgerzelt serviert.
Sie agiert nicht nur mit gebremstem Temperament, sondern auch mit
mäßiger Konzentration.

34. Das Komma bei Infinitiv- und Partizipgruppen

Bei Infinitivgruppen muss in drei Fällen ein Komma stehen: **§**

a) Die Infinitivgruppe wird mit *als, [an]statt, außer, ohne* oder *um* eingeleitet:

> *Er konnte nichts Besseres tun, als zu reisen.*
> *Zu arbeiten ist besser, als in der Lotterie zu spielen.*

> *Er spielte, [an]statt zu arbeiten.*
> *[An]statt sich zu beeilen, bummelte sie.*

> *Er hatte nichts zu tun, außer seine Nachbarn ständig zu beobachten.*
> *Außer die Gäste zu begrüßen, hatten die Angestellten am Empfang keine Aufgaben.*

> *Er sagte dies, ohne mir dabei einmal in die Augen zu sehen.*
> *Ohne zu zögern, kaufte ich die Digitalkamera.*

> *Sie ging in die Stadt, um ein Geburtstagsgeschenk zu kaufen.*
> *Um bei dem Preisrätsel mitmachen zu können, müssen Sie eine Frage beantworten.*

b) Die Infinitivgruppe hängt von einem Substantiv ab:

> *Er fasste den Gedanken, den Arbeitsplatz zu wechseln.*
> *Sie hat den Wunsch, ihre kreative Seite auch beruflich besser zum Einsatz bringen zu können.*

c) Die Infinitivgruppe wird durch ein hinweisendes Wort angekündigt oder wieder aufgenommen:

Ich denke nicht **daran,** *zu kommen.*
Wichtig ist **es,** *sich mit den Regeln auseinanderzusetzen.*
Diese Sprache zu erlernen, **das** *war ihr großer Wunsch.*

[!] Wenn der Infinitiv nicht mit einer näheren Bestimmung oder einem der oben genannten Einleitewörter verbunden ist, kann auf das Komma verzichtet werden. Dies gilt allerdings nur, wenn durch den Verzicht auf das Komma keine Missverständnisse entstehen können:

Den Gedanken, auszuwandern, hatte er schon lange ins Auge gefasst.
oder:
Den Gedanken auszuwandern hatte er schon lange ins Auge gefasst.

Juliane denkt nicht daran, zu spielen.
oder:
Juliane denkt nicht daran zu spielen.

Bei Partizipgruppen kann ein Komma stehen, um die Gliederung des Satzes zu verdeutlichen oder um Missverständnissen vorzubeugen. **§**

Gleich zwei Beispiele zur Verdeutlichung:
Die Zahlungsmodalitäten betreffend möchten wir Ihnen heute den folgenden Vorschlag machen.
oder:
Die Zahlungsmodalitäten betreffend, möchten wir Ihnen heute den folgenden Vorschlag machen.

Durch eine Tasse Kaffee gestärkt werden wir unsere Aufgabe fortsetzen.
oder:
Durch eine Tasse Kaffee gestärkt, werden wir unsere Aufgabe fortsetzen.

 Wenn die Partizipgruppe durch ein hinweisendes Wort angekündigt oder wieder aufgenommen wird, muss ein Komma stehen:

Genau so, mit viel Salami belegt, hat er die Pizza am liebsten.
Aus vollem Halse lachend, so kam sie auf uns zu.
Auf diese Weise, jeden Stein einzeln umdrehend, hatten wir
schließlich Erfolg mit unserer Suche.

35. Die Kombination von Anführungszeichen und Komma

Folgt nach einem Satz in Anführungszeichen ein Begleit-
oder Kommentarsatz, so steht nach dem abschließenden
Anführungszeichen ein Komma.

Diese Bestimmung bringt nur wenige Veränderungen mit sich, da Sie das Komma in Fällen wie den folgenden schon immer gesetzt haben:
„Die Millionenerpresser werden bald gefasst sein", behauptete der Kommentator.
„Wer das glaubt, wird selig", brummelte der Skeptiker.

Jetzt setzen Sie, anders als früher, auch ein Komma, wenn vor dem abschließenden Anführungszeichen ein Frage- oder Ausrufezeichen steht:
„Bist du auch dieser Meinung?", fragte er.
„Halte dich gerade!", rief die besorgte Mutter.

Das gilt ebenfalls, wenn der Begleit- oder Kommentarsatz das Zitat einschließt, und zwar gleichgültig, ob das Zitat ein Satzzeichen enthält oder nicht:

Der Beobachter meinte: „Der Wahlausgang ist bedenklich", und schüttelte den Kopf.

Der Richter fragte: „Haben Sie wirklich nichts bemerkt?", und spielte dabei mit dem Bleistift.

Der Vater befahl: „Kommt mit!", und raffte seine Siebensachen zusammen.

Insgesamt bedeutet die neue Praxis eine Vereinfachung für Sie, da Sie jetzt konsequent immer ein Komma nach einem Satz in Anführungszeichen setzen. Sie brauchen also nicht mehr zu überlegen: „Steht da nun ein Komma oder nicht?"

Setzen Sie die fehlenden Kommas. Beachten Sie dabei, dass Sie an einigen Stellen ein Komma setzen *müssen,* an anderen hingegen eines setzen *können,* wenn Sie es für angebracht halten.

„Warum reden nur alle vom Fußball?" brummelte Heinrich gelegentlich, wenn er mit seinen Freunden beim Bier zusammensaß. Diese wussten, dass er zu derjenigen Spezies gehört, die ohne Rücksichtnahme zu zeigen von ihren Mitmenschen verlangen, dass sie so leben wie sie selbst. Heinrich machte auch kein Hehl daraus, dass sich die Menschen an ihn anzupassen hatten und er vertrat seine Meinung recht offensiv. „Überlegt doch mal!" pflegte er seine Freunde aufzufordern. „Die sogenannten Sportfreunde ohne sich darüber Rechenschaft abzulegen vergeuden wertvolle Lebenszeit mit Banalitäten. Ödes Ballgekicke zu verfolgen darin sollte niemand sein Vergnügen finden." Doch seine Freunde, die diese Tiraden kannten, ignorierten sie meist und nur manchmal reagierte der eine oder andere lakonisch: „Daran die Menschheit zu vervollkommnen wirst auch du scheitern, Heinrich." Oder: „Die Menschen nach seinem Ebenbild formen kann nur Gott und der bist du bestimmt nicht." Dann gab Heinrich ohne sich zu besinnen zur Antwort: „Ich habe schon intelligentere Bemerkungen gehört und außerdem ist das kein Argument dafür mich mit eurem Gerede über Fußball zu belästigen." Nach einem solchen Geplänkel hoben Heinrich, mit dem sich trotz seiner Eigenheiten gut auskommen ließ und seine Freunde die Gläser und prosteten sich zu.

→ F. Worttrennung am Zeilenende

Wenn Sie Wörter am Zeilenende trennen müssen, dann setzen Sie den Trennstrich zwischen den Sprechsilben. Das heißt, Sie folgen den Silben, die sich beim langsamen Aussprechen eines Wortes ergeben. An diesem Prinzip hat sich nichts geändert, im Gegenteil, es ist jetzt noch konsequenter zu handhaben. Denn eine Reihe von Einzelfestlegungen, die der generellen Regelung widersprachen, ist abgeschafft worden.

Prominentestes Opfer der Neuregelung ist das Trennungsverbot von *st*. Andere Ausnahmen sind an die allgemeine Grundregel angepasst, wobei die bisherigen Trennungen größtenteils weiterhin gültig sind. Das betrifft vor allem zusammengesetzte Wörter aus dem Lateinischen und Griechischen, deren einzelne Bestandteile viele von uns nicht erkennen. Deshalb bringt Ihnen die nun auch hier erlaubte Orientierung an den Sprechsilben eine Erleichterung. So können Sie jetzt getrost *Helikop-ter* trennen, weiterhin zugelassen ist aber auch der nach Sprachsilben getrennte *Heliko-pter.*

Insgesamt zielt die Neuregelung der Worttrennung auf Vereinheitlichung und Vereinfachung, in manchen Punkten auch auf Liberalisierung. Besonders für diejenigen, die mit dem PC schreiben und dabei mit einem unzulänglichen Trennprogramm zu kämpfen haben, verringert sich das Störpotenzial.

36. Trennung von st

Die Buchstabenverbindung st wird getrennt.

§

Was Generationen von Abc-Schützen haben mühsam lernen müssen, gilt nicht mehr. Ab sofort trennen Sie jetzt auch zwischen *s* und *t*, also *s-t*, entsprechend der Regel: Stehen mehrere Konsonantbuchstaben hintereinander, dann kommt der letzte in der Reihe auf die neue Zeile. Kein neues Prinzip, denn so haben Sie schon immer getrennt: *Ach-tel, Drit-tel, El-tern, Hop-fen, Karp-fen, leug-nen, mod-rig, Schim-mel, schimp-fen, schlüpf-rig, sin-gen, sin-ken, sit-zen.* Deshalb hat uns die Ausnahme beim *st* auch nie einleuchten wollen. Wandeln Sie also ruhig den alten Merkspruch ab, auch wenn er dann etwas holpert: Trenne nun *st*, denn es tut ihm nicht mehr weh. Endlich wird *Wes-te* wie *Wes-pe* getrennt. Ab sofort trennen Sie also im Einklang mit den Sprechsilben: *Fens-ter, gars-tig, Kas-ten, ros-ten, sechs-te.*

 Vielleicht interessiert es Sie, wie es zu der Ausnahme kam? Das hängt vermutlich damit zusammen, dass die Drucker für besonders häufige Buchstabenkombinationen Ligaturen benutzten. Ligaturen sind Buchstabenverbindungen, die auf einen Kegel gegossen sind, und zu diesen gehörte auch die Kombination von scharfem, lang gezogenem ſ und t. Aus dieser Druckerpraxis hat sich dann das Trennungsverbot entwickelt. Im Übrigen basiert unser ß ebenfalls auf einer Ligatur, nämlich der aus scharfem ſ und ʒ.

 Wenn eben behauptet wurde, dass nur *st* nicht entsprechend der allgemeinen Trennregel behandelt wurde, dann stimmt das nicht ganz. Auf einige andere Fälle, in denen ebenfalls abweichend getrennt werden musste, stoßen Sie in Abschnitt 38.

37. Keine Trennung von ck

§

Die Buchstabenverbindung ck wird nicht mehr getrennt.

Wenn Sie *ck* trennen mussten, haben Sie es früher in *k-k* aufgelöst. Doch vermutlich kamen Sie nicht allzu oft in diese Verlegenheit, und insofern war die Trennung von *ck* auch kein größeres
Problem. Die Neuregelung, *ck* als Buchstabenverbindung zu betrachten und dementsprechend nicht mehr zu trennen, kann
mittlerweile jedoch sehr wohl eine Erleichterung beim Schreiben darstellen. Wenn Sie nämlich auf dem PC schreiben und Ihr
Schreibprogramm über keine exzellente maschinelle Silben-
trennung verfügt, dann müssen Sie mühsam „per Hand" *ck* in *k-k*
verwandeln, und wenn sich im Nachhinein der Zeilenumbruch
verändert, *ck* also nicht mehr getrennt wird, dann müssen Sie
die Schreibung *k-k* wieder rückgängig machen. Ab jetzt trennen
Sie problemlos:
Ba-cke, De-ckel, ki-cken, le-cker, tro-cken, Zu-cker.

ck wird jetzt nicht mehr anders behandelt als Buchstabenverbindungen, die für einen Konsonanten stehen, zum Beispiel:
ch in *la-chen, krie-chen, kro-chen, Dä-cher, Lö-cher, Lär-che;*
sch in *Du-sche, wa-schen, wi-schen, Deut-sche;*
ph in *Sa-phir, Ste-phan;*
th in *Zi-ther, Goe-the, Apo-theke.*

38. Trennung von Buchstabenverbindungen aus Konsonant + l, n oder r in Fremdwörtern

§

In Fremdwörtern werden Buchstabenverbindungen aus Konsonant + l, n oder r entweder vor dem letzten Konsonanten getrennt, oder sie kommen ungetrennt auf die neue Zeile.

Auch wenn wir diese Regel nicht immer beachtet haben, so durften wir die Verbindungen von Konsonant + *l, n* oder *r* in Fremdwörtern eigentlich nie trennen. Falls Sie sich bisher nicht hundertprozentig an diese Bestimmung gehalten haben, dann können Sie beruhigt so weitermachen. Denn was früher ein Fehler war, ist jetzt in Ordnung. Aber auch wenn Sie schon immer gemäß der Regel getrennt haben, brauchen Sie Ihre Praxis nicht zu ändern, da die bis jetzt gültige Trennung weiterhin zulässig ist:

Arth-ritis oder *Ar-thritis, Feb-ruar* oder *Fe-bruar, Hyd-rant* oder *Hy-drant, Zit-rone* oder *Zi-trone, Mag-net* oder *Ma-gnet, möb-liert* oder *mö-bliert, nob-le Herberge* oder *no-ble Herberge, pyk-nisch* oder *py-knisch, Quad-rat* oder *Qua-drat, Sig-nal* oder *Si-gnal, Zyk-lus* oder *Zy-klus.*

In das Deutsche wurden und werden viele Wörter aus anderen Sprachen übernommen. Dadurch gelangen nicht nur spezielle Buchstabenverbindungen in unsere Sprache wie zum Beispiel *zz* in *Jazz,* sondern manchmal sogar besondere Trennungsregeln. So galt das nun aufgehobene „Trennungsverbot" schon in den Herkunftssprachen!

Mit diesen Konsonantverbindungen verhielt es sich so ähnlich wie mit dem *st*. Doch wie Sie dem Abschnitt 36 entnehmen können, haben Sie beim *st* keine Trennalternative, sondern Sie trennen jetzt ausschließlich *s-t*.

39. Trennung von ursprünglich zusammengesetzten Wörtern

> *Wörter, die ursprünglich Zusammensetzungen sind,*
> *aber oft nicht mehr als solche empfunden oder erkannt werden,*
> *können wie einfache Wörter getrennt werden.*

Auch diese Regelung eröffnet Ihnen Spielräume, da Sie den bisher geltenden Vorschriften auch weiterhin folgen können. Was bis jetzt richtig war, wird nicht einfach falsch. Wer also schon immer *Heliko-pter* getrennt hat, der kann bei dieser Trennung bleiben. Jetzt ist aber auch *Helikop-ter* erlaubt.

Das bedeutet vor allem eine Erleichterung bei Wörtern, die aus dem Lateinischen oder Griechischen stammen:
Chry-san-the-me oder *Chrys-an-the-me*, *Chi-rurg* oder *Chir-urg*, *Hek-tar* oder *Hekt-ar*, *in-te-res-sant* oder *in-ter-es-sant*, *Li-no-le-um* oder *Lin-ole-um*, *Mo-narch* oder *Mon-arch*, *Nos-tal-gie* oder *Nost-al-gie*, *Pä-da-go-gik* oder *Päd-ago-gik*, *pa-ral-lel* oder *par-al-lel*. Erleichtert wird Ihnen die Trennung aber auch bei deutschen Wörtern, die ursprünglich Zusammensetzungen sind. Auch bei ihnen orientieren Sie sich jetzt einfach an den Sprechsilben: *hi-nauf* oder *hin-auf*, *he-ran* oder *her-an*, *da-rum* oder *dar-um*, *wa-rum* oder *war-um*, *ei-nan-der* oder *ein-an-der*, *Liebe-nau* oder *Lieben-au*.

40. Keine Abtrennung einzelner Vokalbuchstaben

§

Ein einzelner Vokalbuchstabe am Wortanfang darf auch weiterhin nicht abgetrennt werden.

Trennungen wie *U-fer* oder *o-der* würden kaum Platz sparen und sind deshalb nicht zulässig. Das gilt auch bei Zusammensetzungen. Das frühere Verbot, Einzelvokale in der Wortmitte abzutrennen, wurde dagegen aufgehoben, um hier eine konsequente Trennung nach Sprechsilben zu ermöglichen: *Abend, ekeln, irisch, Oper; Vor-abend, an-ekeln; Maul-esel, Rhein-ufer.*

Aber: *Brau-e-rei, po-e-tisch, Ru-i-ne, The-a-ter.*

 Vergleichbare Trennungen bei Diphthongen (Doppellauten) am Wortanfang waren schon immer möglich: *Au-ge, Ei-sen, eu-re.*

Verwirrende und lesehemmende Trennungen sollten Sie nach Möglichkeit jedoch vermeiden; ein Grundsatz, der generell gilt und nicht nur für die Abtrennung von Vokalbuchstaben. Trennen Sie also nicht *Sprecher-ziehung*, sondern *Sprech-erziehung*, nicht *Altbauer-haltung*, sondern *Altbau-erhaltung*.

Test

Übertragen Sie bitte den auf der nächsten Seite folgenden Kurztext in das dafür vorgesehene Leerkästchen-Raster. Beachten Sie dabei bitte die folgenden Vorgaben und die Umsetzung des unten stehenden Beispielsatzes:

- Schreiben Sie jede Zeile so voll wie möglich.
- Beachten Sie **unbedingt** die Neuregelungen zur Worttrennung, wenn damit früher geltende Regeln *ersetzt* werden.
- Nutzen Sie **vorzugsweise** die neuen Trennmöglichkeiten, die *neben* die bisher gültigen Worttrennungen getreten sind.
- Satzzeichen (Komma, Punkt, Trennungsstrich) und Ziffern beanspruchen jeweils ein eigenes Kästchen und verlangen – wie Wortzwischenräume – im Anschluss ein Leerkästchen.
- Vorhandene Umlaute *(ä, ö, ü)* werden ebenso wie *ß* **nicht** aufgelöst, sondern sind unverändert in **ein** Leerkästchen zu übernehmen.

Beispielsatz:
Die neuen Worttrennungsregeln räumen allen Schreibenden viele Freiheiten ein, die sie auch nutzen sollten.

Ausführung:

Kurztext zur Worttrennung:

Mein Freund arbeitet seit dem 20. Februar im Schichtdienst als Un-
fallchirurg. Seine Aufgaben hält er für interessant, wenngleich er sich
fragt, warum ihm eine Behandlung von Verletzungen Freude macht.
Er bewohnt ein möbliertes Zimmer, worin sämtliche Fenster klap-
pern. Er hat kaum Zeit, des Abends in ein Kino zu gehen oder die
Oper zu besuchen, was er sehr beklagt. Manchmal treffen wir uns in
einer noblen Weinstube und genießen einen trockenen Rotwein, bis
der Wirt spätestens um zehn vor eins ein lautes Signal zum Aufbruch
nach Hause gibt.

Ausführung:

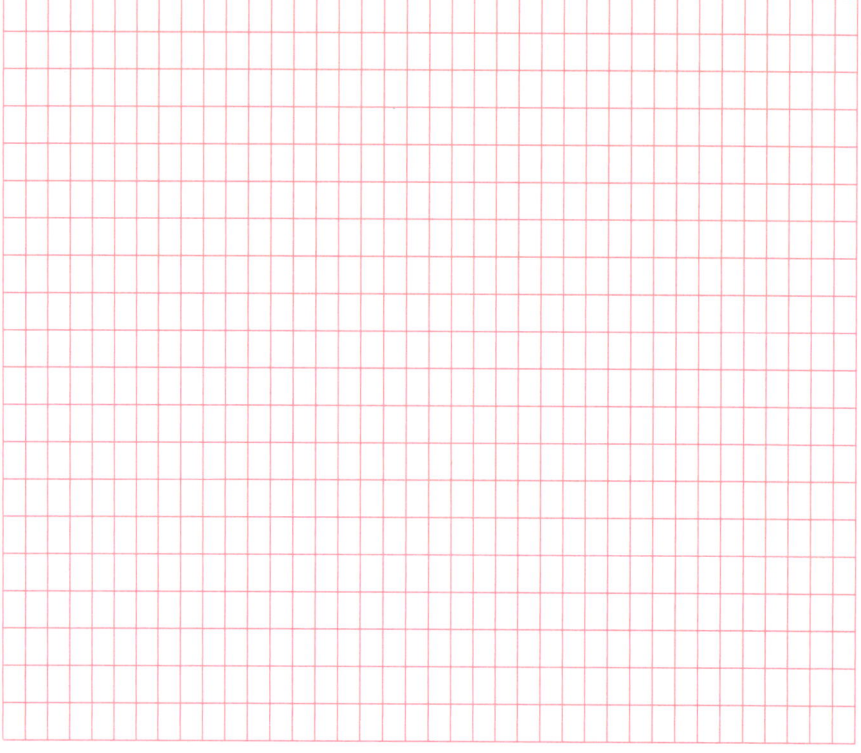

Der Lottogewinn

Wie jeden Samstagabend **saß** die Familie Kuntz einträchtig vor dem Fernsehschirm und fieberte der Ziehung der Lottozahlen entgegen. **Das** Ausfüllen der Lottoscheine gehörte zu Herrn Kuntz' **Hobbys** und wurde immer bereits montags erledigt. Seine persönliche Ziffernfolge kannte er längst **auswendig,** da er alle Kreuzchen schon seit Jahren auf den gleichen Zahlen **platzierte.** In dieser Woche wollte ausnahmsweise Opa Kuntz dafür sorgen, **dass** die Scheine pünktlich zur Annahmestelle gelangten. Endlich war das **Fußballländerspiel/Fußball-Länderspiel** überstanden und die Moderatorin kündigte die Ziehung der **Gewinnnummern/Gewinn-Nummern** an. Zuerst warf das Gerät die 19 aus, dann die 4 und schließlich die 26. Der Vater wurde zusehends nervöser, denn bisher stimmten alle Zahlen mit den angekreuzten überein. Als die 42 gezogen wurde, hielt es ihn nicht mehr im Sofa und er **aß** hastig ein Stück **Nussschokolade/Nuss-Schokolade** nach dem anderen, **sodass/so dass** auch Frau Kuntz ein **bisschen** aufgeregter wurde. Nur Sohn Robert merkte, **dass** Opa sich immer häufiger die Nase **schnäuzte** und unruhig seine Brieftasche durchsuchte. **Dass** die nächste Zahl eine Niete war, sorgte nur kurz für **Missstimmung/Miss-Stimmung,** denn die letzte gezogene Ziffer war die 34. Nun hatte man fünf Richtige und eine hübsche Summe Geld. Herr Kuntz freute sich schon **überschwänglich** auf die vielen **Partys,** die man damit steigen lassen könnte, während Mutter auf einen neuen **Geschirrreiniger/Geschirr-Reiniger** hoffte, der ihr den **aufwändigen/aufwendigen** Abwasch ersparen würde.

Unvermittelt **riss** Opa sie jedoch aus allen Träumen: „Entschuldigt bitte", unterbrach er vorsichtig die Begeisterung, „aber ich habe vergessen, eure **Lottotipps** abzugeben." Verlegen reichte er dem entsetzten **Elternpaar** die sorgfältig **durchnummerierten** Formulare. Herrn Kuntz' **Rohheit** kannte nun keine Grenzen mehr, so sehr sich Opa auch für sein **Missgeschick** entschuldigte: „Du **Tollpatsch**", beschimpfte er den **belämmert** dreinblickenden **Großvater,** „kannst du denn gar nichts **selbständig/selbstständig** erledigen?" Da der **Schuldbewusste** dieser **Stresssituation/Stress-Situation** nicht gewachsen waren, **musste** sein Enkel Robert ein Beruhigungsmittel aus der **Nachtapotheke** besorgen, derweil Frau Kuntz ihrem Mann zur Besänftigung sein Leibgericht zubereitete: **Spagetti/Spaghetti** mit **Tunfischsoße/Thunfischsoße. Dennoch** sollte es viele Tage dauern, bis Vater Kuntz unter diesen **gräulichen** Abend einen **Schlussstrich/Schluss-Strich** ziehen konnte.

Der rettende Einfall

Irgendwo im **drückend heißen** Nordafrika spielte sich einmal die folgende **Aufsehen erregende/aufsehenerregende** Geschichte ab:

Eingeborene eines **Not leidenden/notleidenden** Stammes waren mit einem **weit gereisten/weitgereisten** Missionar **aneinandergeraten,** der nicht auf seine Wegstrecke **Acht gegeben/achtgegeben** und unüberlegt **Halt gemacht/haltgemacht** hatte. Als der Mann schließlich **gefangen genommen** worden war, bat er zwar darum, ihn von jeder Schuld **freizusprechen** und **gehen zu lassen/gehenzulassen,** aber die Eingeborenen wollten ihn unbedingt auf der Stelle töten. Nach einer alten Stammessitte sollte der Gefangene seine Todesart selbst bestimmen, und zwar dadurch, dass er eine beliebige Behauptung aufstellte. Der Medizinmann erklärte ihm dazu: „Wenn ich deine Behauptung als wahr anerkenne, dann wirst du mit vergifteten Pfeilspitzen getötet. Betrachte ich sie dagegen als Lüge, so musst du im **riesig großen** Feuer **zugrunde/zu Grunde gehen.** Dein Leben wird also in jedem Fall bald **vorbei sein.**"

Der Missionar überlegte, nachdem man ihn mit diesen Bedingungen **bekannt gemacht/bekanntgemacht** hatte, wie er die Eingeborenen wohl **irreführen** könnte. Es dauerte nicht **allzu lange,** da kam ihm, dem noch niemand etwas **zuleide/zu Leide getan** hatte, der vielleicht rettende Einfall: Er **schlussfolgerte,** dass er seine Antwort so geschickt formulieren müsste, dass es den Wilden **schwerfallen** würde, ihn umzubringen. Kurz darauf stellte er den Stammesangehörigen gegenüber die **ernst gemeinte/ernstgemeinte** Behauptung auf: „Ihr werdet mich verbrennen."

Jetzt wussten die Eingeborenen nicht mehr, was sie tun sollten. Denn wenn sie den Missionar wirklich verbrennen würden, so hätte er tatsächlich die Wahrheit gesagt. Also müssten sie ihn mit vergifteten Pfeilen töten – aber dann hätte der Missionar gelogen. Somit müsste er doch wiederum den Flammen **anheimfallen** … So ging es immer weiter, und die Stammesältesten kamen trotz nächtelanger angeregter Diskussionen nicht mehr zu einer **bahnbrechenden** Erkenntnis.

Soviel ich weiß, haben die Eingeborenen den Missionar **irgendwann** tatsächlich **laufen lassen/laufenlassen,** sodass er wieder **heimreisen** konnte. Er wird sich aber gewiss vorgenommen haben, nie mehr in den afrikanischen Busch zu reisen.

[C]

Lösung

Die Bindestriche ohne Klammern sind obligatorisch, diejenigen mit Klammern sind fakultativ. Verzichtet man auf die freigestellten Bindestriche, muss natürlich zusammengeschrieben werden.

1 Mit einem 100-prozentigen Einsatz aller Ressourcen kann die neue

2 Kaffee(-)Ernte auf das große Fluss(-)Schiff bis zum Abend verladen sein.

3 Dazu muss nur der 26-Tonner flottgemacht werden. Allerdings fehlt

4 zu seiner Reparatur ein 15er-Schlüssel, aber so ein 15er wird irgend-

5 wo aufzutreiben sein. In den Zwanzigerjahren wäre das ein wirkliches

6 Problem gewesen, doch heute hat man per Funk(-)Rundruf schnell

7 heraus, wer über so ein Werkzeug verfügt. Dann braucht man kein

8 Schnell(-)Läufer zu sein, um ihn herbeizuholen, denn der Hubschrau-

9 ber(-)Notdienst springt da gerne ein.

10 Doch dann beginnt eine wirkliche Stress(-)Situation. Wenn nämlich der

11 Lastwagen am Pier angelangt ist, müssen die Träger in zwei Reihen

12 die Säcke im Reißverschluss(-)System aufs Schiff schleppen, und der

13 Verlademeister muss mit den Kontroll(-)Listen aufpassen, denn die

14 Ist(-)Zahl der Säcke muss schließlich mit der Soll(-)Zahl übereinstimmen.

15 Wenn er 100%ig richtig zählt, erhält er eine Prämie. Zuerst geht das

16 Verladen im Schritt(-)Tempo, dann aber wird zum Schluss(-)Spurt

17 angesetzt. Das Ganze ist kein Wett(-)Turnen, sondern ein Vollzeit(-)Job,

18 bei dem man keinen Black(-)out haben darf.

Kaspar Hauser

Lösung Am Pfingstmontag des Jahres 1828 geschah in Nürnberg etwas Unerhörtes. Gegen

fünf Uhr **nachmittags** sah ein **Nürnberger** Bürger einen Sechzehnjährigen auf der

Straße stehen, der durch seine eigenartige gekrümmte Körperhaltung und unbehol-

fene Gehversuche auffiel. Der Mann tat alles **Mögliche,** um mit dem Jungen Kontakt

aufzunehmen. Er sprach zunächst **deutsch** mit ihm und redete ihn dann auf **Franzö-**

sisch an, aber außer unverständlichen Sprachlauten war dem Unbeholfenen nichts

zu entlocken.

Allerdings hielt der Knabe einen Brief in den Händen. Aufs **Äußerste/äußerste** ge-

spannt griff der Bürger nach dem Umschlag und brachte den Fremden als **Nächstes**

zu der angegebenen Anschrift: dem Haus eines **nürnbergischen** Rittmeisters. Dort

angekommen versuchte man aufs **Neue/neue,** etwas aus ihm herauszubekommen.

Wiederum war er jedoch **außer Stande/außerstande,** sich verständlich zu machen.

Er nahm fürs **Erste** etwas Brot und Wasser zu sich und fiel in einen tiefen Schlaf.

Der Rittmeister entschied am **Dienstagmorgen** schließlich **Folgendes:** „Ich bedaure,

dass ich dem Jungen gestern **Abend** nicht helfen konnte, aber ich bin nicht **schuld**

an seinem Schicksal. Um alles **Übrige** muss sich die Polizei kümmern."

Also brachte man ihn zur Polizei, wo man ebenfalls keinen Rat wusste, da auch der

Brief die Herkunft des Findlings im **Dunkeln** ließ. Als man ihm aber eine Feder gab,

schrieb er zum Erstaunen der Anwesenden seinen Namen: Kaspar Hauser.

Als ihn ein **zu Rate/zurate** gezogener Arzt aufs **Eingehendste/eingehendste** unter-

suchte, stellte dieser fest, dass Kaspar im **Großen** und **Ganzen** gesund war, jedoch

an einer auffälligen Fehlbildung seiner Kniegelenke litt. Was dem Jungen Unglaubliches

zugestoßen war, sollte man jedoch erst viel später erfahren. Zunächst war man sich

noch nicht einmal im **Klaren** darüber, ob man ihn für einen Betrüger halten sollte, der

die Gutmütigen nur zum **Besten** hielt, oder für einen Besessenen. So **mancher** meinte

sogar, man dürfe **auf Grund/aufgrund** seiner seltsamen Erscheinung auch die Mög-

lichkeit nicht außer **Acht** lassen, dass er von einem fremden Planeten komme. Wer von

all den Klugen **recht/Recht** behalten sollte, das war die Frage, die **Groß** und **Klein**

brennend interessierte.

Natürlich dauerte es nicht lange, bis sich **Hunderte/hunderte** Neugierige von **nah**

und **fern** einfanden, um Kaspar zum ersten **Mal** zu bestaunen. Dabei wurde er von

Alt und **Jung** gleichermaßen als Wilder betrachtet, den man zähmen musste.

Die **meisten** (auch: **Meisten**) ließen jedes Mitgefühl vermissen und man zeigte ihm des **Öfteren** Dinge, die ihm **Angst** machten oder ihn gar aufs **Ärgste/ärgste** erschreckten.

Um nicht länger im **Dunkeln** zu tappen, kümmerten sich schließlich ein Professor und der **Erste** Bürgermeister der Stadt Nürnberg um Kaspar. Die **beiden** waren die **Ersten** und blieben die **Einzigen,** die etwas Näheres vom Leid des Hilflosen erfuhren, der sein Leben von **klein** auf in einem Loch zubringen musste. Manches **andere** (auch: **Andere**) über den Menschen Kaspar Hauser blieb jedoch bis heute im **Unklaren.** Es spricht aber **vieles** (auch: **Vieles**) dafür, dass er ein **badischer** Prinz war, der wegen Streitigkeiten um die Thronfolge elend **zu Grunde/zugrunde** ging.

Die Klammern bezeichnen Stellen, an denen zwar kein Komma gesetzt werden muss, an denen das Komma aber dazu beiträgt, Ordnung im Satz zu schaffen.

„Warum reden nur alle vom Fußball?"**,** brummelte Heinrich gelegentlich, wenn er mit seinen Freunden beim Bier zusammensaß. Diese wussten, dass er zu derjenigen Spezies gehört, die**,** ohne Rücksichtnahme zu zeigen**,** von ihren Mitmenschen verlangen, dass sie so leben wie sie selbst. Heinrich machte auch kein Hehl daraus, dass sich die Menschen an ihn anzupassen hatten**,** und er vertrat seine Meinung recht offensiv. „Überlegt doch mal!"**,** pflegte er seine Freunde aufzufordern. „Die sogenannten Sportfreunde**,** ohne sich darüber Rechenschaft abzulegen**,** vergeuden wertvolle Lebenszeit mit Banalitäten. Ödes Ballgekicke zu verfolgen**,** darin sollte niemand sein Vergnügen finden." Doch seine Freunde, die diese Tiraden kannten, ignorierten sie meist**(,)** und nur manchmal reagierte der eine oder andere lakonisch: „Daran**,** die Menschheit zu vervollkommnen**,** wirst auch du scheitern, Heinrich." Oder: „Die Menschen nach seinem Ebenbild formen kann nur Gott**(,)** und der bist du bestimmt nicht." Dann gab Heinrich**,** ohne sich zu besinnen**,** zur Antwort: „Ich habe schon intelligentere Bemerkungen gehört**(,)** und außerdem ist das kein Argument dafür**,** mich mit eurem Gerede über Fußball zu belästigen." Nach einem solchen Geplänkel hoben Heinrich, mit dem sich trotz seiner Eigenheiten gut auskommen ließ**,** und seine Freunde die Gläser und prosteten sich zu.

Lösung

Die erste der folgenden Musterlösungen basiert – gemäß der Aufgabenstellung – grundsätzlich auf den neuen Regeln zur Worttrennung, also auch in den Fällen, in denen eine früher gültige Trennfuge nicht ersetzt, sondern nur um eine neue ergänzt wird.

Der Vollständigkeit halber berücksichtigt die zweite Lösung hingegen nur die obligatorischen Neuregelungen, bleibt aber im Übrigen bei den bisherigen, auch weiterhin gültigen Trennfugen. Selbstverständlich ist auch eine Lösung möglich und richtig, die sowohl konservative als auch progressive Trennungen enthält.

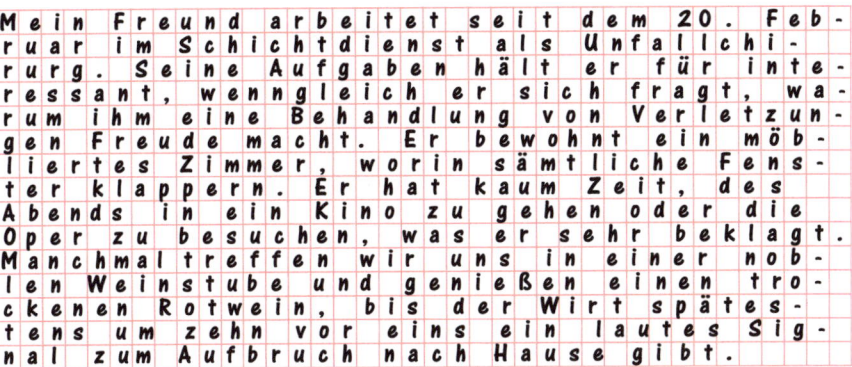

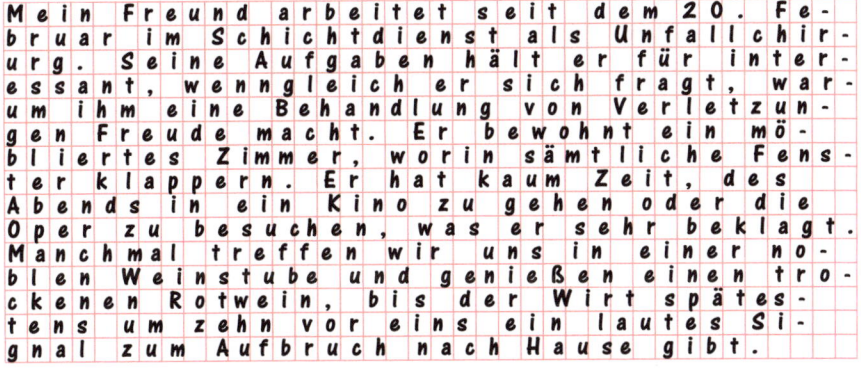

→ Wählen Sie die korrekten Wortschreibungen aus!

Lösung

Windsurfen

Wie eine riesig gro(ss/ß)e/riesiggro(ss/ß)e Welle schwappte vor ungefähr 20 Jahren das Windsurfen aus den USA nach Europa herüber. Dieser Aufsehen erregende/aufsehenerregende Wassersport entwickelte sich aus dem alten Wellenreiten der Polynesier, die auf schmalen Holzbrettern abenteuerliche Kunststücke vollführten. Seit den 50er Jahren/50er-Jahren erlebte das Wellenreiten vor allem in Amerika einen gro(ss/ß)en Aufschwung; gewi(ss/ß) erinnern S/sie sich noch an die begleitende Musikrichtung der Beach Boys.

Eines Tages kamen ein Wellenreiter und ein Segler auf die Idee, ein Surfbrett mit einem Segel auszustatten. Zwei Jahre lang tüftelten die B/beiden, dann wurde der Windsurfer als Patent angemeldet und bekam auf (G/g)rund/aufgrund dessen eine Kenn-Nummer/ Kenn(n)ummer. Das A/anfangs sehr aufwändige/ aufwendige Gerät fand schnell breites Interesse, als die E/ersten mit überschwänglicher/überschwenglicher Begeisterung immer wieder aufs N/neue versuchten, Brett und Segel zu bändigen. Nachdem das Surfbrett ständig verbessert worden ist, fällt das Windsurfen heute ebenso wenig/ebensowenig auf, wie wenn jemand (E/e)is läuft/eisläuft. Es gehört zu den weit verbreiteten/weitverbreiteten „nassen" Hobbys/Hobbies für G/gross/ß und K/klein, die man nicht nur an der O/ostfriesischen Küste oder der M/mecklenburger Seenplatte, sondern auch A/abseits der gross/ßen Gewässer ausüben kann.

Immer wenn Surf-Regatten/Surfregatten statt finden/stattfinden, gibt es U/unzählige, die aufs Ä/äußerste gespannt am Wettkampf teil nehmen/teilnehmen, und viele A/andere, die diesen Show down/Show-down/Showdown als Zuschauer miterleben.

Es gibt nicht viele Sportarten, bei denen sich 100 prozentige/100-prozentige/100prozentige Könner und Anfänger so grundlegend unterscheiden wie beim Windsurfen. Während die E/einen *über* Wasser sicher vorwärts kommen/vorwärtskommen, nehmen die A/anderen in K/kauf, unendliche M/mal(e) *ins* Wasser zu segeln. Nur wenigen wirklich guten Surfern stehen unzählige Tol(l)patsche gegenüber, die es nicht sein lassen/seinlassen wollen und denen es schwer fällt/schwerfällt, beim Fallen eine gute Figur zu machen. So M/manchen, der zumindest nicht völlig A/abseits stehen will, sieht man sein blank poliertes/blankpoliertes Sportgerät auf dem Autodach spazieren fahren/spazierenfahren. Allerdings nimmt kaum jemand Ansto(ss/ß) daran, wenn das Brett unberührt auf dem Gepäckträger bleibt. Das liegt daran, da(s/ss/ß) sich diese Snobs im Small (T/t)alk/Small-(T/t)alk/Smalltalk mit potenziellen/potentiellen Kritikern über ungeeignete Windverhältnisse, zu kleine Reviere oder unerträgliches Getümmel am Strand beschweren. Folgt dann noch eine launige Bemerkung über Fu(s/ss/ß)stellung, Starkwind oder Wende, ist der vermeintliche Experte bald von einigen D/dutzend wi(ss/ß)begierigen Surf-Freunden/Surffreunden umringt und kann sich bewundern lassen.

➔ In der Randspalte finden Sie die Nummer des Lernabschnitts angegeben, in dem die entsprechende Rechtschreibschwierigkeit behandelt ist.

	Kapitelverweis
Windsurfen	
Wie eine **riesig große** Welle	14/3
schwappte vor ungefähr 20 Jahren das Windsurfen	
aus den USA nach Europa herüber. Dieser **Aufsehen**	7
erregende/aufsehenerregende Wassersport ent-	
wickelte sich aus dem alten Wellenreiten der Polyne-	
sier, die auf schmalen Holzbrettern abenteuerliche	
Kunststücke vollführten. Seit den **50er Jahren/50er-**	15
Jahren erlebte das Wellenreiten vor allem in Amerika	
einen **großen** Aufschwung; **gewiss** erinnern	3
Sie sich noch an die begleitende Musikrichtung der	19
Beach Boys.	
Eines Tages kamen ein Wellenreiter und ein Segler auf	
die Idee, ein Surfbrett mit einem Segel auszustatten.	
Zwei Jahre lang tüftelten die **beiden,** dann wurde	32
der Windsurfer als Patent angemeldet und bekam **auf**	23
Grund/aufgrund dessen eine **Kenn-Nummer/**	4/17
Kennnummer. Das **anfangs** sehr **aufwändige/**	32, 2
aufwendige Gerät fand schnell breites Interesse, als	
die **Ersten** mit **überschwänglicher**	25, 2
Begeisterung immer wieder aufs **N/neue** ver-	30
suchten, Brett und Segel zu bändigen. Nachdem das	
Surfbrett ständig verbessert worden ist, fällt das	
Windsurfen heute **ebenso wenig** auf,	14
wie wenn jemand **eisläuft.** Es gehört zu	7/22
den **weit verbreiteten/weitverbreiteten** „nassen"	10
Hobbys für **Groß** und **Klein,** die	6, 27
man nicht nur an der **ostfriesischen** Küste oder	21
der **Mecklenburger** Seenplatte, sondern auch	21
abseits der **großen** Gewässer ausüben kann.	32, 3

	Kapitelverweis
Immer wenn **Surf-Regatten/Surfregatten stattfinden**,	16, 7
gibt es **Unzählige,** die aufs	24
Ä/äußerste gespannt am Wettkampf **teilnehmen,**	30, 7
und viele **andere,** die diesen **Show-down/Showdown**	24, 18
als Zuschauer miterleben.	
Es gibt nicht viele Sportarten, bei denen sich **100-**	
prozentige Könner	15
und Anfänger so grundlegend unterscheiden wie beim	
Windsurfen. Während die **einen** (auch: **Einen**) *über*	24
Wasser sicher **vorwärtskommen,** nehmen	12
die **anderen** (auch: **Anderen**) in **Kauf,** unendliche	
M/mal(e) *ins* Wasser zu segeln. Nur wenigen wirklich	24, 23, 32
guten Surfern	
stehen unzählige **Tollpatsche** gegenüber, die es	1
nicht **sein lassen** (auch: **seinlassen**) wollen und	8
denen es **schwerfällt,** beim Fallen eine gute Figur	10
zu machen. So **manchen,** der zumindest nicht	32
völlig **abseitsstehen** will, sieht man sein **blank**	12
poliertes/blankpoliertes Sportgerät auf dem	10
Autodach	
spazieren fahren. Allerdings nimmt	8
kaum jemand **Anstoß** daran, wenn das Brett	3
unberührt auf dem Gepäckträger bleibt. Das liegt	
daran, **dass** sich diese Snobs im	3
Small Talk/Smalltalk mit **potenziellen/potentiellen**	18, 5
Kritikern über ungeeignete Windverhältnisse, zu	
kleine Reviere oder unerträgliches Getümmel am	
Strand beschweren. Folgt dann noch eine launige Be-	
merkung über **Fußstellung,** Starkwind oder Wende,	3
ist der vermeintliche Experte bald von einigen	
D/dutzend wissbegierigen	32, 3
Surf-Freunden/Surffreunden umringt und kann sich	16
bewundern lassen.	

→ Regelabriss

A. Laut-Buchstaben-Zuordnung

§ *ß nach kurzem (betontem) Vokal wird durch ss ersetzt.*

Man schreibt jetzt **Fass, Stress, Biss, Missverständnis, Boss, Fluss**; sie **muss**
(zu: **müssen**), er **hasst** (zu: **hassen**) u. a.
Statt **daß** schreibt man jetzt **dass**.

§ *Eine größere Zahl von Einzelwörtern wird dem sogenannten Stammprinzip angeglichen,*
d. h., ein Wort folgt in der Schreibung dem Wort oder der Wortform, dem bzw. der es
zugeordnet werden kann.

Man schreibt jetzt **Ass** wegen **des Asses, die Asse, Tipp** wegen **tippen, Gämse**
wegen **Gams, nummerieren** wegen **Nummer, platzieren** wegen **Platz** u. a.
Es bleibt aber bei **fit** und **Top**.

§ *Wenn in Zusammensetzungen drei gleiche Buchstaben aufeinandertreffen, bleiben alle erhalten.*

Man schreibt jetzt **Bestellliste, Schifffahrt; Kaffeeernte, Teeei, Hawaiiinseln** u. a.
Es bleibt bei **dennoch, Drittel** und **Mittag**.
Beachte: Wer unschöne oder unübersichtliche Schriftbilder vermeiden will, kann auch
mit Bindestrich schreiben: **Auspuff-Flamme, Tee-Ei.**

§ *Das ph kann in phon, phot und graph und in einigen Einzelfällen durch f ersetzt werden;*
neben -tial und -tiell sind in einigen Fällen auch -zial und -ziell möglich. Vereinzelt können
gh, rh, th zu g, r, t werden.

Man kann jetzt schreiben: **Delfin** oder **Delphin, Fotometrie** oder **Photometrie,**
Diktafon oder **Diktaphon, Geografie** oder **Geographie; Differenzial** oder
Differential, essenziell oder **essentiell, substanziell** oder **substantiell; Spagetti** oder
Spaghetti, Katarr oder **Katarrh, Panter** oder **Panther, Tunfisch** oder **Thunfisch.**

Ansonsten bleibt die Schreibung der Fremdwörter im Wesentlichen unverändert.

Man schreibt also weiterhin **Philosophie, Rhetorik, Rheuma, Apotheke, Strophe, Diskothek, Leichtathletik, Mathematik, Theater** u. a.

B. Getrennt- und Zusammenschreibung

§ *Verbindungen aus Substantiv und Verb werden nur zusammengeschrieben, wenn das Substantiv als verblasst oder nicht mehr als selbstständig angesehen wird.*

eislaufen, kopfstehen, teilhaben
Aber: **Rad fahren, Maschine schreiben, Schlange stehen, Probe fahren**

Bilden Substantiv und Verb eine untrennbare Zusammensetzung, dann bleibt es ebenfalls bei der Zusammenschreibung: **schlafwandeln – er schlafwandelte, schlussfolgern – sie schlussfolgerte.**

§ *Verbindungen aus Substantiv und Partizip werden in der Regel getrennt geschrieben, wenn die Getrenntschreibung auch im Infinitiv gilt und in der Verbindung kein Wort erspart wird.*

Man schreibt also Achtung gebietend wie **Achtung gebieten,** Aufsicht führend wie **Aufsicht führen,** Erdöl exportierend wie **Erdöl exportieren,** Handel treibend wie **Handel treiben** u. a.

Wenn die Verbindung als Einheit aufgefasst wird, ist jedoch auch Zusammenschreibung möglich: alle **Aufsicht führenden/aufsichtführenden** Personen, die **Erdöl exportierenden/erdölexportierenden** Länder.

Aber: **mondbeschienen = vom Mond beschienen** (**vom** wird erspart), **ausschlaggebend = den Ausschlag gebend** (**den** wird erspart) u. Ä.

§ *Verbindungen aus einem Verb im Infinitiv und einem zweiten Verb schreibt man in der Regel getrennt.*

Wir wollen am Nachmittag spazieren gehen.

Und wie schon früher: Er hat den Teller fallen [ge]lassen. Nur einer der Kegel war stehen geblieben.

Verbindungen mit **bleiben** und **lassen** können bei übertragenem Gebrauch getrennt oder zusammengeschrieben werden: Sie ist in der Schule sitzen geblieben/sitzengeblieben. Seine Partei hat ihn nach dem Skandal fallen [ge]lassen/fallen[ge]lassen.

Auch die Verbindung von **kennen** und **lernen** ist in beiden Schreibweisen zulässig: Sie sollten einander wohl besser kennen lernen/kennenlernen.

---

§ *Verbindungen aus einem Partizip und einem Verb werden stets getrennt geschrieben.*

Wie früher schon **getrennt leben** schreibt man jetzt auch verloren gehen, gefangen halten u. a.

---

§ *Verbindungen mit dem Verb sein werden grundsätzlich getrennt geschrieben.*

Man schreibt jetzt also an sein, auf sein, beisammen sein u. a.

---

§ *Verbindungen aus Adjektiv und Verb werden in der Regel zusammengeschrieben, wenn sie eine neue, idiomatisierte (übertragene) Gesamtbedeutung haben.*

Man schreibt also wie früher **bloßstellen, fernsehen, festsetzen** (= bestimmen), **richtigstellen** (= berichtigen) usw.; jetzt ebenso krankschreiben, satthaben u. a.

---

§ *Verbindungen aus Adjektiv und Verb können bei wörtlichem Gebrauch getrennt oder zusammengeschrieben werden, wenn es sich um ein einfaches Adjektiv und ein einfaches Verb handelt und wenn das Adjektiv das Ergebnis der mit dem Verb bezeichneten Tätigkeit angibt.*

Man schreibt also flach klopfen oder flachklopfen, klein schneiden oder kleinschneiden, schlank machen oder schlankmachen.

Aber wie bisher nur: **zu flach klopfen, ganz klein schneiden, schlanker machen.**

---

§ *Selbstständige Adverbien sind in Verbindung mit Verben überwiegend schwach betont –*
dann gilt in der Regel Getrenntschreibung. Als Verbzusätze tragen die Adverbien meistens
den Hauptakzent – in diesen Fällen schreibt man in der Regel zusammen.

Man muss also wie früher unterscheiden:

Sie soll **dableiben** (= nicht weggehen; der Hauptakzent liegt auf „da").

Sie soll **da bleiben,** wo sie hingehört (beide Wörter sind ungefähr gleich stark betont).

Dagegen gilt die reine Bedeutungsunterscheidung nicht mehr. Man schreibt
zwei Schüler auseinandersetzen und ebenso **sich mit einem Problem ausei-
nandersetzen.**

Zusammen- oder Getrenntschreibung des adverbiellen Teils ist möglich bei **infrage
stellen/in Frage stellen, zugrunde liegen/zu Grunde liegen, zustande bringen/zu
Stande bringen, zutage fördern/zu Tage fördern** u. a.

§ *Verbindungen aus einem Adjektiv und einem Partizip oder aus zwei Adjektiven werden*
getrennt geschrieben,

- wenn der erste Bestandteil ein Partizip ist:
  drückend heiß, kochend heiß, leuchtend blau u. a.;
- wenn der erste Bestandteil eine Ableitung ist:
  riesig groß, mikroskopisch klein, bläulich grün u. a.;
- wenn der erste Bestandteil gesteigert oder erweitert ist: **sehr dünn besiedelt,
  ganz ernst gemeint, schlechter gelaunt, weiter verbreitet** u. a.
- Werden Verbindungen mit einem Partizip als zweitem Bestandteil adjektivisch
  gebraucht, können sie auch zusammengeschrieben werden: ein **dünn besiedeltes/
  dünnbesiedeltes Gebiet, ernst gemeinte/ernstgemeinte** Ratschläge usw.

§ *Wie schon früher irgendein, irgendwann, irgendwer u. a. schreibt man jetzt auch*
irgendjemand und irgendetwas zusammen.

Unverändert bleiben Fälle, in denen der zweite Bestandteil erweitert ist:
irgend so ein/eine/einer, irgend so etwas.

149

C. Schreibung mit Bindestrich

§ *In Zusammensetzungen werden Zahlen, die in Ziffern geschrieben werden, mit einem Bindestrich vom Rest des Wortes abgehoben.*

Man schreibt jetzt also **8-Achser, 5-Eck, 16-Ender, 6-hebig, 2-jährig, 4-Jährige, 6-monatlich, 14-tägig, 8-Zylinder** u. a.

Wie bisher steht jedoch kein Bindestrich, wenn die Ziffer mit einer Nachsilbe verbunden ist. Es bleibt also bei **68er, 100stel, 15er** u. a.

Aber in Zusammensetzungen: **68er-Generation, 15er-Schlüssel** u. a.

§ *Ein Bindestrich kann gesetzt werden, um einzelne Bestandteile einer Zusammensetzung hervorzuheben, wenn unübersichtliche Zusammensetzungen deutlicher gegliedert werden sollen und wenn drei gleiche Buchstaben aufeinandertreffen.*

Man schreibt jetzt also **Ichsucht** oder **Ich-Sucht, Sollstärke** oder **Soll-Stärke, Moselwinzergenossenschaft** oder **Mosel-Winzergenossenschaft, Schifffahrt** oder **Schiff-Fahrt, Schifffracht** oder **Schiff-Fracht, Teeernte** oder **Tee-Ernte** u. a.

§ *Mehrgliedrige Wörter aus dem Englischen werden zusammengeschrieben, können aber auch mit Bindestrich geschrieben werden, wenn es sich um substantivisch gebrauchte Zusammensetzungen handelt.*

Man schreibt jetzt also: **Black-out** oder **Blackout, Centrecourt** oder **Centre-Court, Cruisemissile** oder **Cruise-Missile, Lay-out** oder **Layout** u. a.

Bei Verbindungen aus Adjektiv und Substantiv kann zusammengeschrieben werden, wenn der erste Bestandteil den Hauptakzent trägt. Sonst gilt generell die Getrenntschreibung, dabei werden die substantivischen Bestandteile allerdings großgeschrieben.

Also: **Happy End** oder **Happyend, Small Talk** oder **Smalltalk** u. a., aber nur: **Joint Venture, Standing Ovations** u. a.

D. Groß- und Kleinschreibung

§ *Substantive, die mit Präpositionen ein festes Gefüge bilden, aber mit diesen nicht zusammengeschrieben werden, schreibt man groß.*

Man schreibt jetzt also **in Bezug auf** wie früher schon **mit Bezug auf.**

§ *Substantive, die mit Verben ein festes Gefüge bilden, aber nicht mit diesen zusammengeschrieben werden, schreibt man groß.*

Man schreibt jetzt also **Rad fahren, Maschine schreiben, Angst haben, jemandem Angst und Bange machen, sein Eigen nennen, Schuld haben** u. a.

Aber: In Verbindungen mit **sein** werden **angst, bange, ernst, recht, gram, leid, pleite, schuld** und **wert** als Adjektive aufgefasst und deshalb wie bisher kleingeschrieben. Also: **mir ist/wird angst und bange; ich bin es leid; es ist mir recht; du bist selbst schuld; er ist pleite** usw.

§ *Substantivierte Ordnungszahlen werden großgeschrieben.*

Man schreibt jetzt also **als Erstes, die Rechte Dritter, als Dritter an der Reihe sein, wie kein Zweiter arbeiten** u. a.

§ *Substantivierte Adjektive, die Bestandteile fester Wendungen sind, werden – unabhängig vom eigentlichen oder übertragenen Gebrauch des Adjektivs – großgeschrieben.*

Man schreibt jetzt also **im Argen liegen, zum Besten geben/halten, im Dunkeln bleiben/tappen, auf dem Laufenden halten, sich über etwas im Klaren sein, auf dem Trockenen sitzen, im Trüben fischen, etwas im Stillen vorbereiten** u. a.

Groß schreibt man außerdem

● Sprachbezeichnungen in Verbindung mit Präpositionen:
   ein Referat auf Französisch halten; ein in Englisch abgefasster Brief u. a.;

• Tageszeiten in Verbindung mit **vorgestern, gestern, heute, morgen,**
übermorgen: gestern/heute/morgen Abend, vorgestern Nachmittag u. a.

und in Fällen wie: jeder Einzelne, als Einzelner, der Einzige, als Einziger, das
Ganze, als Ganzes, nicht das Geringste u. a.

Beachte: Kleingeschrieben werden in der Regel weiterhin die Wörter **viel, wenig,**
eine, andere mit allen ihren Beugungsformen.

§ *In festen Verbindungen, die aus einem Adjektiv und einem Substantiv bestehen,*
wird das Adjektiv in der Regel kleingeschrieben.

Großschreibung gilt weiterhin bei

• Eigennamen; also:
   die Vereinigten Staaten von Amerika, die Schwäbische Alb, der Große
   Wagen (Sternbild), **Statistisches Bundesamt, Deutsche Bank** u. a.;

• Titeln, Ehren-, Amts-, Funktionsbezeichnungen; also:
   Ihre Königliche Hoheit, der Heilige Vater, der Regierende Bürger-
   meister, der Technische Direktor u. a.;

• klassifizierenden Bezeichnungen, vor allem in Botanik und Zoologie; also:
   das Fleißige Lieschen, die Gemeine Stubenfliege, der Rote Milan u. a.;

• Kalendertagen; also:
   der Heilige Abend, der Erste Mai, der Weiße Sonntag u. a.;

• historischen Ereignissen und Epochen; also:
   der Dreißigjährige Krieg, der Deutsch-Französische Krieg 1870/71,
   der Erste Weltkrieg, die Ältere Steinzeit, die Goldenen Zwanziger u. a.

Großschreibung ist auch in anderen Fällen zulässig, wenn der Gebrauch als feste
Verbindung besonders hervorgehoben werden soll: ein blauer/Blauer Brief, eine
graue/Graue Eminenz, das schwarze/Schwarze Brett.

Manche dieser Verbindungen sind in bestimmten Fachsprachen oder Terminologien
nur in Großschreibung üblich: **die Erste Hilfe, der Goldene Schnitt.**

§ *Werden aus Eigennamen Adjektive auf* -isch *oder* -sch *gebildet, schreibt man sie klein.*

Man schreibt jetzt also **goethische/goethesche Gedichte** (»Gedichte von Goethe«
oder »Gedichte in der Art Goethes«), **das ohmsche Gesetz, der ohmsche Widerstand, freudsche Schriften, freudsche Fehlleistung** u. a.
Feste Fügungen dieser Art können auch mit großgeschriebenem Adjektiv vorkommen.

Wahlweise kann auch mit Apostroph geschrieben werden (dann mit großem Anfangsbuchstaben): **Goethe'sche Dramen, die Grimm'schen Märchen** u. a.

Aber wie bisher: **eulenspiegelhafte Possen, eine kafkaeske Stimmung,
die Berliner Bevölkerung, die Schweizer Berge** u. a.

§ *Die Anredepronomen* du *und* ihr *sowie die besitzanzeigenden Pronomen* dein *und* euer
*werden kleingeschrieben, können in Briefen aber auch weiterhin großgeschrieben werden.
Obligatorische Großschreibung gilt weiterhin für die Höflichkeitsanrede* Sie *und das
dazugehörende Pronomen* Ihr.

E. Zeichensetzung

§ *Sind zwei vollständige Hauptsätze mit* und *bzw.* oder *verbunden, dann ist das Komma
vor* und *nicht mehr vorgeschrieben.*

Man kann also schreiben:
Johanna spielte auf dem Klavier und Johannes sang dazu.
Oder: **Johanna spielte auf dem Klavier, und Johannes sang dazu.**

§ *Infinitiv- und Partizipgruppen können durch ein Komma abgetrennt oder zwischen
Kommas eingeschlossen werden.*

Man kann also schreiben: **Sie versuchten das Feuer unter Kontrolle zu bringen.**
Oder: **Sie versuchten, das Feuer unter Kontrolle zu bringen.**

Mit Wanderkarte und Kompass aufs Beste ausgerüstet starteten sie in die Berge. Oder: **Mit Wanderkarte und Kompass aufs Beste ausgerüstet, starteten sie in die Berge.**

Beachte: Ein Komma muss jedoch wie bisher stehen, wenn die Infinitiv- oder Partizipgruppe durch ein hinweisendes Wort angekündigt wird oder wenn die Infinitiv- oder Partizipgruppe nachgetragen wird, sodass sie aus der Satzkonstruktion herausfällt: **Sie erinnerte ihn daran, die Post zu holen. Die Weinfreunde, ohne sich zu besinnen, nahmen die Einladung an.**

Es muss auch weiterhin ein Komma gesetzt werden, wenn der Infinitiv mit **als,** **[an]statt, außer, ohne** oder **um** eingeleitet wird oder von einem Substantiv abhängt: **Sie haben geklingelt, anstatt zu klopfen. Wir spielen, um zu gewinnen. Er hatte die Absicht, uns zu täuschen.**

F. Worttrennung am Zeilenende

§ *st wird getrennt: Wes-te, Küs-te, meis-tens u. a.*

§ *ck wird nicht mehr getrennt: ba-cken, De-ckel, tro-cken, Zu-cker u. a.*

§ *In Fremdwörtern werden Verbindungen aus Konsonant +* l, n *oder* r *entweder vor dem letzten Konsonanten getrennt, oder sie kommen ungetrennt auf die neue Zeile: nob-le oder no-ble, Sig-nal oder Si-gnal u. a.*

§ *Wörter, die nicht mehr als Zusammensetzungen empfunden oder erkannt werden, können jetzt auch nach Sprechsilben getrennt werden.*

Man trennt jetzt also he-rauf oder **her-auf,** Mai-nau oder **Main-au,** Helikop-ter oder **Heliko-pter,** Pä-dagoge oder **Päd-agoge** u. a.

→ Wort- und Sachregister

Dieses Register enthält in alphabetischer Reihenfolge sowohl Sachbegriffe als auch – kursiv gedruckt – Beispielwörter bzw. häufig verwendete Wortbestandteile. Es stellt ein Hilfsmittel dar, mit dem Sie die meisten der im Lehrgang behandelten Rechtschreibbereiche und -schwierigkeiten auch unabhängig von der vorgegebenen Einteilung der Übungseinheiten bearbeiten können. Die Zahlen verweisen auf die entsprechenden Abschnitte im Trainingsteil.

Wort- und Sachregister

Wort- und Sachregister